LA FILIÈRE

Christian ROULETTE

JEAN-PAUL II- ANTONOV-AGCA LA FILIÈRE

Éditions du SORBIER
51, rue Barrault – 75013 PARIS

© **Éditions du Sorbier 1984.**

LA VÉRITÉ EXISTE.
ON N'INVENTE QUE LE MENSONGE.
Georges BRAQUE

Ouvrage dédié aux victimes de ces JUGES qui ne veulent pas voir la corde et qui s'interrogent afin de savoir pourquoi le pendu se maintient au-dessus du sol.

LIVRE PREMIER

CHAPITRE PREMIER

KAROL WOJTYLA
UN PAPE INATTENDU

En octobre 1978, la mort brutale de Jean Paul 1er provoque un nouveau conclave à la chapelle Sixtine. Les cardinaux du monde entier s'assemblent selon les règles fixées par saint Bonaventure depuis le 13e siècle.

Jadis, les chefs des États catholiques disposaient d'un droit de veto, ce qui leur permettait de s'opposer à la désignation d'un pape qui n'avait pas leur assentiment. Le privilège fut aboli par Pie X en 1904. Ce qui ne signifie pas que depuis cette date les États se désintéressent de l'élection du chef de l'Église catholique.

En 1978, Zbigniew Brzezinski est le conseiller du président Carter pour la sécurité nationale. Il a été chargé de suivre les élections du nouveau pontife. Il sait que deux candidats s'opposent, mais qu'une campagne très active n'a pas permis de déterminer une majorité suffisante en faveur de l'un ou de l'autre. Pour ce conclave de 1978 la C.I.A. réussit une grande première; en effet elle peut suivre les débats en direct grâce à l'installation de micros cachés à l'intérieur de la chapelle Sixtine [1].

Ainsi, pour la C.I.A., les fumées célèbres n'ont plus d'intérêt, ni les fumées noires obtenues avec les bulletins de vote et de la paille humide, ni les fumées blanches obtenues avec les seuls bulletins, lorsque le pape est élu.

Cent onze cardinaux venus de cinquante pays tentent de départager les « papabiles » italiens : Mgr Siri et Mgr Benelli. Ils constatent qu'il est impossible de rassembler suffisamment de suffrage sur l'un des deux candidats, il faut donc que le conclave s'oriente vers un pape de compromis. De l'intérieur, on sait que les églises américaines et allemandes particulièrement puissantes ont préparé une candidature celle du cardinal Konig, archevêque de Vienne qui a toutes les chances de l'emporter. Coup de théâtre inattendu, le cardinal Konig décline l'offre car il se sent trop âgé et il désigne son jeune voisin polonais : Le cardinal Karol Wojtyla, archevêque de Cracovie. Karol Wojtyla est élu et prend le nom de Jean-Paul II.

Les stratèges de la vie politique internationale qui ont cru découvrir une collusion étroite entre Brzezinski et Jean-Paul II qui ont tous les deux une origine polonaise, ont manifestement commis une erreur d'appréciation.

1. « Sur la piste des Loups gris » – Yona Andronov, – Literatournaya Gazeta.

LA FILIÈRE

Brzezinski est fils d'émigrés polonais; c'est à l'origine un universitaire. Le titre de professeur de l'université du Massachussetts, puis de Colombia éveille le respect, mais de telles charges ne sont pas incompatibles avec une vie moins honorable dans les services secrets où il nourrit sa haine à l'égard des pays du socialisme. Cet universitaire farouche rêve de provoquer l'éclatement du bloc socialiste. Il a présenté en 1978 un mémorandum au président Carter dans lequel il expose un plan de déstabilisation de la Pologne.

On le trouve depuis longtemps dans des officines secrètes et, dès 1960, il est un des agents de la C.I.A. Invité en qualité de professeur en 1963 à Sofia par l'Académie des sciences bulgares, il assure une mission de contact avec Henrich Natan Speter, un Bulgare qui travaille pour les services américains sous le nom d'Andrew.

Cette mission se poursuit encore en 1965 lorsque Andrew reçoit un nouveau visiteur envoyé par Brzezinski : le professeur Wane Leman.

Speter arrêté, puis condamné, reconnaît les faits.

On ne sait pas quelle part fut prise par Brzezinski pour négocier au nom de la C.I.A. l'échange de Speter, agent US, contre des agents de l'Est.

Si Brzezinski a pris part à ces négociations il doit se rappeler que les recherches entreprises par la C.I.A. pour découvrir sur la planète entière des agents secrets bulgares n'ont abouti à aucun résultat, il fallut échanger Speter contre deux agents soviétiques...

*
* *

Karol Wojtyla : Jean-Paul II, est le premier pape slave élu à la tête de l'Église. Il est profondément polonais. Il a cinquante-huit ans et il a vécu au cœur de l'Église polonaise de l'après-guerre, la naissance difficile de l'État socialiste.

Le monde politique n'a pas tort de penser que le choix de Jean-Paul II correspond à un calcul politique chez ceux qui croient pouvoir jouer de l'influence de l'Église pour affaiblir et déstabiliser certains États et en tout premier lieu la Pologne, mais cette réflexion n'est pas incompatible avec un autre sentiment aussi fort, même s'il est apparemment contradictoire : la satisfaction ouvertement éprouvée par les peuples de l'Est de connaître pour la première fois de l'Histoire un pape slave.

La fierté des Polonais n'est pas à démontrer. Pour les Bulgares, imprégnés profondément de leur culture orthodoxe, le pape slave c'est la promesse de nouvelles relations avec l'Église romaine basées sur un plus grand respect de la spécificité de chacun.

Un Slave, comme Jean-Paul II, disent volontiers les Bulgares, ne partagera sans doute pas les choix politiques de notre État, mais en aucun cas il ne se prêtera à des actes d'intervention dans notre vie politique intérieure. Il est vrai que s'il appelle à la liberté, le pape Jean-Paul II ne manque jamais de dire que les libertés doivent être acquises pour soi-même et par soi-même.

Bien qu'ils soient l'un et l'autre originaires de Pologne, Jean-Paul II n'est pas à l'image de Brzezinski qui lui, alimente toutes les campagnes et accomplit toutes les besognes qui servent les tenants américains de la guerre entre les États socialistes. Jean-Paul II, profondément polonais, ne dictera pas à l'Église de son pays un comportement qui mènerait à l'éclatement et à l'affaiblissement de la nation à partir d'interventions extérieures.

Il est clair que Brzezinski n'a installé au Vatican ni un compère ni un complice.

C'est ainsi qu'en novembre 1979, lorsque le Turc Mehmet Ali Agca annonce qu'il va tuer le pape et commence à bénéficier du soutien de ses protecteurs, lorsqu'il prépare le périple qui le conduira jusqu'à la place Saint-Pierre, « Solidarité » n'existe pas, nul ne peut l'imaginer ; Gierek est le chef de l'État polonais et aucun analyste ne laisse présager l'embrasement populaire de 1980.

Les événements de Pologne qui en sont nés à l'automne 1980 ne pouvaient motiver l'acte criminel d'Ali Agca quand naissait à Istanbul la détermination de ce jeune tueur néo-nazi.

Du côté américain, l'influence de Jean-Paul II n'a pas les meilleurs effets ; on constate que l'Église de l'Amérique latine a retrouvé des raisons d'espérer et de s'engager plus activement aux côtés des pauvres avec ce pape qui refuse l'abondance des richesses chez les uns et le partage des miettes chez les autres.

Reagan, élu en 1980, rencontre l'opposition de 50 millions de catholiques qui préconisent avec leurs évêques le gel des armements nucléaires. Le *New York Time* rapporte le 4 mai 1981 « qu'après deux ans de campagne de foudre et d'écume, il n'y a aucun doute que les évêques se déclarent contre la politique nucléaire du président Reagan et estiment qu'il est du devoir moral de leur Église de le déclarer ouvertement ». Ces conclusions sont recueillies au cours du Conseil de la Conférence nationale des évêques des États-Unis à Chicago.

La Conférence a adopté par 239 oui et 9 contre, un texte de message aux pasteurs, préparé au cours des deux précédentes années. Ce texte insiste sur la signature dans les délais les plus brefs possibles d'accords bilatéraux et susceptibles de contrôler l'arrêt des essais, la production, l'implantation de nouveaux systèmes d'armes nucléaires.

Le message déclare : « Nous voulons créer une barrière solide à l'usage des armes nucléaires. La guerre nucléaire met en danger l'existence même de notre planète. L'usage d'armes nucléaires ne peut en aucun cas être justifié sur le plan moral ». Les évêques rappellent avec regret que les États-Unis furent le premier pays du monde à utiliser la bombe atomique en causant la mort de gens innocents. Le message poursuit : « Les plans du Pentagone prévoient 40 000 ouvrages destinés à porter le premier coup nucléaire sur le territoire soviétique ; les points de cible dans la seule capitale soviétique étant de 60, ce sont aux environs de ces ouvrages militaires des millions de gens dont l'extermination ne pourrait être justifiée d'aucune manière ». Les évêques lancent un appel aux 50 millions de catholiques des États-Unis pour appuyer leur appel et pour ne pas ménager leurs forces afin de sauver le genre humain du danger nucléaire qui le menace.

Les observateurs politiques font ressortir que les évêques ont approuvé le message sous cette forme malgré la campagne du gouvernement du Président Reagan et malgré la pression des milieux catholiques conservateurs qui tentaient de les inciter à rédiger l'appel en des termes moins durs, notamment en ce qui concerne l'appel au « gel immédiat des arsenaux militaires ».

Pour tenter de justifier la nécessité qui s'imposait aux Soviétiqes de faire assassiner Jean-Paul II en mai 1981, des journalistes américains ont lancé une campagne; selon ces derniers, Jean-Paul II avait adressé, en août, à Brejnev un lettre manuscrite par porteur spécial qui indiquait que si l'Union Soviétique envahissait la Pologne, Jean-Paul II se promettait de déposer la couronne de Saint-Pierre et de retourner dans son pays pour être aux côtés de son peuple. Cette campagne est lancée par Marvin Kalb, journaliste à la chaîne de télévision NBC.

Cette lettre est née dans l'imagination des journalistes; le Vatican a publié un démenti. Ce qui n'a

25

pas incité les fabricants de fausses nouvelles à renoncer; ils prétendirent que la menace ne fut pas adressée par lettre, qu'elle fut exprimée au cours d'une conversation secrète entre le pape et une personnalité soviétique : Monsieur Zagladine.

***

Des déceptions se font jour outre-Atlantique au fur et à mesure que le pape affirme sa personnalité.

Jean-Paul II est un pape conservateur, mais aux yeux des « faucons » de l'Église, il est trop porté à la médiation.

Ceux qui ont suivi les travaux du conclave sont persuadés, dès 1979, que l'Église n'a pas fait le meilleur choix, ils connaissent la personnalité des deux archevêques italiens qui se sont disputés le trône papal : Mgr Benelli – archevêque de Florence et Mgr Siri – archevêque de Gênes. Ils savent que ces deux prélats ont une conception plus offensive de la papauté, alors que Jean-Paul II se refuse à des interventions politiques plus décisives de l'Église dans les affaires intérieures des États.

Lorsque surviennent les événements de Pologne à la fin de l'été 1980, près d'un an, nous le verrons, après que le Turc, Agca eut annoncé sa décision de tuer Jean-Paul II, certains se mettent à penser que le pape fait preuve d'une obstination paralysante lorsqu'il proclame que les problèmes de la Pologne doivent être réglés par les Polonais et par eux seuls, lorsqu'il exclut aussi bien l'intervention soviétique

que celle de l'Occident, lorsqu'il soutient Mgr Glemp dans la recherche d'un consensus entre l'Église et l'État.

Enfin, au plus fort de la crise, lorsque les événements prennent en 1981 une dimension telle que l'Occident se prend à espérer faire basculer l'État socialiste devenu le plus vulnérable, l'idée a gagné les esprits que Jean-Paul II, pape polonais martyr, serait plus grand mort que vivant.

Plus sombres sont les jeux économiques et financiers internes à la cité du Vatican.

Depuis 1974, quatre noms reviennent dans les chroniques de la corruption, de la spéculation et des scandales financiers de l'Italie. Licio Gelli, grand maître de la loge P 2, Michele Sindona, et Roberto Calvi, banquiers du Vatican, Mgr. Marcinkus, évêque qui dirige l'I.O.R. (Institut pour les œuvres religieuses).

Cette « bande des quatre » associée dans une organisation copiée sur les méthodes de la mafia, s'est organisée entre les États-Unis et l'Italie.

Elle dispose outre-Atlantique d'établissements financiers, de conseils, d'avocats, d'hommes de main, de sociétés panaméennes et sud-américaines fictives. Elle a organisé des relais en Suisse et au Luxembourg...

LA FILIÈRE

En Italie, la Loge P 2 contrôle trente-six parlementaires, deux ministres, cent hauts fonctionnaires, trente magistrats.

Au moment où Jean-Paul II devient pape, Michele Sindona est emprisonné aux États-Unis, Roberto Calvi, banquier de la Banque Ambrosiano est aux prises avec des poursuites judiciaires déclenchées en 1977 à la suite des publications de Luigi Cavallo qui édite un bulletin sous le sigle « Agence A »; Licio Gelli n'est pas démasqué, il use de ses pouvoirs pour couvrir Calvi qui ne sera inculpé qu'en 1981. Mgr. Marcinkus, remis en cause par Jean-Paul Ier, reprend tous les pouvoirs après la mort subite de ce pape éphémère, le 28 septembre 1978.

Un livre du journaliste David Yallop, *Au nom de Dieu*, évoque l'univers financier qui s'est tissé autour du Vatican. On peut ne pas partager la conclusion de David Yallop qui affirme que Jean-Paul Ier a été assassiné, mais l'ouvrage constitue un terrible réquisitoire contre Mgr. Marcinkus.

Le journaliste Fabrizio Calvi rend compte de ce livre dans le journal *Le Matin* du 12 juin 1984, sous le titre : *Qui a tué Jean-Paul Ier?*
– « Dans la soirée du 28 septembre 1978, ou tôt le matin du 29 septembre, trente-jours après son élection, le pape Jean-Paul Ier mourut. Heure du décès : inconnue. »

Ces phrases troublantes sont extraites de la préface de *Au nom de Dieu,* le dernier livre de David Yallop, l'écrivain enquêteur, spécialiste des grandes énigmes de l'époque. Publié simultanément dans dix-sept pays, cet ouvrage retrace quatre années d'une minutieuse enquête sur la fin troublante d'un pape : tout simplement, selon Yallop, l'histoire et les mobiles de son assassinat.

D'abord, s'est demandé le narrateur, pourquoi donc le Vatican a-t-il donné une version officielle pour le moins erronée de la mort de Jean-Paul Ier? Selon le communiqué officiel, la mort aurait eu lieu le 28 septembre à 23 heures. Mensonge, accuse Yallop. Les embaumeurs qui ont vu le cadavre le 29 septembre au matin, affirment que la mort serait survenue entre 4 et 5 heures du matin. Une autopsie aurait permis d'établir avec certitude l'heure exacte du décès.

Le deuxième fait inquiétant : pourquoi le secrétaire d'État au Vatican, Mgr. Villot, a-t-il interdit aux embaumeurs de prélever la moindre goutte de sang du cadavre? Plus : alors que le cadavre a été officiellement découvert à 5 h 30, les embaumeurs étaient prévenus une demi-heure auparavant. C'est que, poursuit Yallop, le cadavre a été, en fait, découvert à 4 h 45 par la sœur Vincenza qui venait comme chaque matin apporter son café au pape. Que s'est-il donc passé dans la chambre du mort entre 4 h 45 et 5 h 30 du matin?

Le témoignage de la sœur Vincenza, recueilli par Yallop, est formel. Le pape mort avait ses lunettes et tenait dans ses mains des feuilles de papier manuscrites. Quand le cardinal Villot est sorti de la chambre, les lunettes et les feuilles de papier avaient disparu et il avait posé à côté du cardinal un livre, Imitation de Jésus-Christ.

Selon Yallop, les raisons de l'assassinat du pape se trouvaient sur les feuilles de papier où figuraient également les noms de six personnes que Yallop désigne comme les suspects principaux du meurtre.

Le mobile du crime? L'argent. Selon Yallop, le pape Albino Luciani souhaitait assainir les finances du Vatican. Il avait d'abord décidé de mettre à la retraite le secrétaire d'État Jean Villot, celui-là même qui remit de l'ordre dans la chambre du mort. Villot était un des hommes clefs de la Banque vaticane. Le deuxième suspect est, lui aussi un « monsignore » : le cardinal Cody Boss, de Chicago, un homme fabuleusement puissant et riche, que Paul VI n'avait pu abattre et à qui Jean-Paul Ier venait de déclarer la guerre.

Le troisième homme de la liste est un évêque qui dirigeait alors l'Institut pour les œuvres religieuses (I.O.R.) Mgr. Marcinkus. Surnommé « le Gorille », Marcinkus était mêlé à trop de scandales financiers internationaux pour que le pape Luciani le laisse à sa place.

Les trois derniers suspects, Michele Sindona, Roberto Calvi et Licio Gelli avaient eux aussi tout à redouter de Luciani. Mafioso notoire, le premier avait longtemps été le banquier du Vatican avant d'être condamné à vingt-cinq ans de prison aux États-Unis pour banqueroute frauduleuse, il avait passé le relais au second qui fut retrouvé pendu sous un pont de Londres en août 1982, après un krach de plus d'un milliard de dollars. Quant au troisième, Licio Gelli, chef de la sinistre loge maçonnique P 2 et coupable de scandale et des exactions que l'on sait, il suffit de savoir que tout son pouvoir et toute sa richesse étaient bâtis sur les finances du Vatican, grâce à la complicité des deux personnages ci-dessus cités.

Les sources de Yallop lui avaient laissé comprendre que Luciani aurait pu être empoisonné par de la digitaline; l'écrivain enquêteur fit un bond quand il apprit que ce poison était un des produits de prédilection du grand maître de la P 2 qui recommandait à ses adeptes d'en avoir toujours une fiole à portée de la main pour le cas où ils seraient démasqués. La réalité prend des allures de roman noir, surtout quand on sait que Gelli, qui faisait chanter Calvi, lui téléphonait dans les derniers temps en se servant du pseudonyme de Luciani.

Voilà qui pourrait expliquer l'étrange conversation téléphonique qu'eut Yallop une semaine avant le « suicide » de Calvi. La conversation fut enregistrée : « Comment avez-vous connu Gelli, lui hurla Calvi? Qu'est-ce que vous voulez donc? Combien d'argent voulez-vous? »

« Je n'ai jamais vu Gelli, lui répondit Yallop, abasourdi. Qui que vous soyez, vous n'écrirez jamais ce livre, poursuivit le banquier hors de lui, je n'ai rien à vous dire, ne m'appelez plus jamais. »

Une semaine plus tard, Roberto Calvi fut dépendu par les hommes de Scotland Yard. Deux ans après, Yallop publiait son livre.

L'élection de Jean-Paul II n'a pas réglé les problèmes de l'Institut des œuvres religieuses et le sort de Mgr. Marcinkus est incertain.

Dès qu'il est élu, Jean-Paul II affirme sa volonté d'exercer personnellement la direction des affaires du Vatican et il renforce le noyau de collaborateurs polonais : ils seront soixante-sept.

Dans le même temps, Mgr. Marcinkus ne se sent plus directement menacé, Jean-Paul II ne remet pas en cause la place qu'il occupe et le confirme dans le gouvernement du Vatican, mais, parallèlement, une stratégie plus habile est mise en place : Jean-Paul II confie à l'Opus Dei le soin de reprendre en main les affaires financières et économiques de la Cité ; pour cela il place cette congrégation au rang des Jésuites : elle n'aura plus à rendre compte de ses activités dans les diocèses.

Jean Saunier, auteur d'un ouvrage sur l'Opus Dei et spécialiste de cette congrégation née dans les affaires politico-financières du fascisme espagnol a relevé le nom de Karol Wojtyla parmi les membres de l'Opus Dei.

Mgr. Marcinkus voit donc surgir face à sa propre mafia, la puissante organisation de l'Opus Dei qui n'ignore rien, elle non plus, des jeux terribles de la spéculation, de la corruption et de la manipulation des hommes.

Jean-Paul II, pour Mgr. Marcinkus, est aussi redoutable que l'était Jean-Paul Ier.

CHAPITRE DEUXIÈME

13 mai 1981
L'ATTENTAT DE LA PLACE SAINT-PIERRE

Le 13 mai 1981, des milliers de pèlerins ont remonté la via della Conciliazione et se sont dirigés vers la place Saint-Pierre; ils sont 20 000, plus nombreux que d'ordinaire, pour assister à l'audience générale que le pape accorde chaque mercredi. Ce 13 mai, le pape a annoncé que non seulement il donnerait à l'assistance sa bénédiction publique, mais qu'il aurait un contact direct avec les pèlerins.

La place Saint-Pierre de Rome est certainement l'un des plus beaux espaces que l'Homme ait consacré à l'Universel.

On doit au génie de Bernini en 1656, la construction de ces deux hémicycles constitués de 88 piliers et de 284 colonnes, aménagés en promenoir qui dessinent la place sans la fermer. Le visiteur quitte la vieille Rome, traverse le jeu des colonnes et se retrouve place Saint-Pierre devant la cité du Vatican.

Ce mercredi, comme chaque semaine, la circulation a été arrêtée tout en bas de la via della

Conciliazione, une avenue tracée par Mussolini en
1937 après la démolition des vieux quartiers de la
Spina Borgo sur près de 1 kilomètre; cette voie
large permet d'écouler des immenses foules. Ce 13
mai 1981, des milliers de pèlerins l'ont empruntée
avant de se masser au cœur de la place Saint-Pierre
entre les deux fontaines de Maderno, autour de cet
étrange obélisque qui en est le point central.

Ce jour-là, le pape doit sortir de la cité du
Vatican sur la gauche de la basilique; son véhicule
découvert doit parcourir entre deux rangées de
barrières de bois un itinéraire qui passe entre les
fontaines et l'obélisque et qui contourne la foule de
20 000 pèlerins.

Il est 17 heures 15, la jeep blanche apparaît en
haut sur la gauche de la basilique, le pape en
soutane blanche est debout dans la voiture découverte qui roule lentement, descend la place Saint-
Pierre; mêlé à la foule, le véhicule s'immobilise
pour permettre au souverain pontife des contacts
directs avec les fidèles. La jeep remonte vers la
basilique, le pape s'installera tout à l'heure sur
l'estrade dressée devant la porte de bronze. Une
nouvelle fois le véhicule s'immobilise. Des hommes,
des femmes se pressent pour tendre la main; des
mères lèvent leurs enfants; le pape portera dans ses
bras une fillette quelques instants avant que n'écla-
tent plusieurs coups de feu. Ils sont tirés par un
homme qui se trouve mêlé à la foule dans ces
quelques dizaines de rangées qui se pressent entre
les promenoirs de Bernini et la jeep du pape.
L'homme brandit un pistolet il tire deux, trois,

quatre, cinq coups de feu, les témoins se contredisent. Le pape s'effondre, le sang coule sur la soutane blanche, il est grièvement blessé de deux balles; la jeep accélère, le pape est transporté en urgence dans un hôpital de Rome. Il faudra cinq heures d'intervention chirurgicale et plusieurs jours d'attente pour que le professeur Castiglioni annonce que le pape est hors de danger.

Sur la place Saint-Pierre, pour les 20 000 pèlerins c'est d'abord la stupeur, puis l'affolement et la panique; les cris circulent dans la foule : « on a tiré sur le pape », « le pape est mort ». Le meurtrier, à quelques dizaines de mètres des colonnes de Bernini, n'a guère cherché à fuir, il est immédiatement maîtrisé sur place par son entourage; on dit qu'une petite nonne sœur Lœtitzia s'agrippant à son bras aurait suffi à l'empêcher de partir. Un homme de la D.I.G.O.S. : Pasquale Navarra, policier judoka, affecté à la protection du pape a maîtrisé le tireur.

Le meurtrier a 23 ans; il n'est pas italien, il prétend être chilien, on découvrira qu'il est turc, qu'il se nomme Mehmet Ali Agca.

Quel est ce personnage sur lequel le monde entier ne cessera de porter le regard?

Des témoins croient avoir entendu des proclamations au moment du tir. Ali Agca ne parle que le

35

turc et quelques mots d'anglais; il ne connaît rien à l'italien. Des policiers font appel aux interprètes pour l'interroger. Ils diront qu'il est froid, lucide, cynique, qu'il se contrôle parfaitement, qu'il a le profil du professionnel de la terreur.

Il n'est pas difficile pour la police italienne d'aboutir très vite à une certitude : Agca est fiché par toutes les polices occidentales comme terroriste dangereux. Le 1ᵉʳ février 1979, il a abattu à coups de révolver Abdi Ipekci rédacteur du grand quotidien turc *Milliyet*.

En novembre de la même année il s'est évadé de la prison; il a été condamné à mort par contumace.

La presse n'est pas très active pour rappeler l'idéologie du jeune tueur. Des articles de journalistes de la désinformation glissent déjà dans l'opinion que Agca aurait pu déclarer successivement qu'il agissait comme terroriste palestinien et même comme terroriste arménien.

Le procès d'Agca se déroule en juillet 1981; il dure soixante-douze heures. Agca a renoncé à se faire défendre par un avocat choisi. On lui désigne un avocat d'office. Il est condamné à perpétuité; il doit accomplir une année entière de total isolement.

LA FILIÈRE

Au lendemain de l'attentat de la place Saint-Pierre, Mehmet Ali Agca est inculpé par le procureur général Achille Gallucci de « tentative d'assassinat avec la complicité d'autres personnes encore inconnues ». Ceux qui se trouvaient tout près d'Ali Agca ont maîtrisé le tireur isolé. Il porte sur lui un billet de chemin de fer pour Naples.

Les témoignages divers ont fait état de la présence de deux suspects, mais les recherches sont demeurées vaines. Les pistes sont très vite abandonnées. Deux prêtres affirment avoir vu un véhicule en attente; le chauffeur paraissait fébrile; c'était un homme basané; le témoignage est considéré comme sans intérêt.

La procédure va très vite. Le parquet a renvoyé Agca pour comparaître seul devant la cour d'assises. Le procès s'est ouvert le 20 juillet 1981. On applique à ce procès hors du commun la procédure sommaire adoptée pour la répression du terrorisme.

La légèreté et la précipitation avec lesquelles le parquet et les polices d'Italie ont bouclé l'information, ne manquent pas d'éveiller la suspicion. Comment une affaire qui porte sur la tentative d'assassinat d'un chef d'État peut-elle être conduite en quelques semaines? Comment une telle désinvolture, alors que le chef d'État est le souverain pontife, qu'il s'agit de la cité du Vatican, de la justice et de la police romaines?

LA FILIÈRE

Comment le parquet et les juges ont-ils pu décider de s'en tenir à l'apparence des faits et aux seules déclarations criminelles sans s'interroger sur le long périple d'Ali Agca de la lointaine Anatolie à la place Saint-Pierre?

Ni les voyages d'Agca à travers l'Europe, ni le crime commis en février 1979 en Turquie, ni les moyens importants d'existence dont il disposait dans les banques, ni la provenance autrichienne de l'arme du crime, ni la nécessaire présence de complices qui l'assistent lorsqu'il loue une pension ou lorsqu'il se déplace en Italie (alors que Agca ne parle que sa langue et ne dispose que de quelques mots d'anglais, mais rien d'italien), ni les mots notés sur le carnet qui rappellent les recommandations des protecteurs, ni les rendez-vous à Francfort, Zurich, Tunis, Milan ou Rome, aucun de ces indices n'a paru de nature à justifier une information rigoureuse et approfondie en collaboration avec les polices internationales.

Le D.I.G.O.S. : Service anti-terroristes, a déclaré n'avoir pu relever aucune preuve, aucune piste, aucun indice de nature à établir l'existence d'un complot.

Ainsi Agca qui affirme avoir agi seul, est jugé comme tel, comme un meurtrier solitaire obéissant à des impulsions meurtrières inspirées par un fanatisme religieux islamique.

LA FILIÈRE

Les interrogations s'expriment dans l'article rédigé par le correspondant du journal *Le Monde* le 21 juillet 1981.

« Rome – le procès de M. Mehmet Ali Agca, vingt-trois ans, le jeune terroriste turc qui a blessé gravement, le 13 mai, place Saint-Pierre de Rome, le pape Jean-Paul II, s'est ouvert ce lundi 20 juillet devant la Première Cour d'assises de Rome. Deux cent cinquante journalistes dont une trentaine de télévision, ont été accrédités pour suivre les audiences dans la salle Vittorio-Occorsio, la plus grande du palais de justice de la capitale italienne. De très importantes mesures de sécurité ont été prises, et le box de l'accusé a été entouré d'une vitre à l'épreuve des balles.

Cette célérité de la justice italienne semble d'autant plus étonnante qu'elle est inhabituelle. Tout juste deux mois et sept jours après l'attentat, Mehmet Ali Agca est présenté devant la Cour. La plupart des observateurs pensent que le verdict sera rendu après quatre ou cinq jours d'audience. A première vue, les choses pourraient paraître limpides : M. Ali Agca a été pris sur le fait. Il a admis avoir tiré sur le pape et tous les témoignages concordent. S'agissait-il d'un terroriste isolé? « Nous pouvons faire une hypothèse, explique le parquet de Rome sur les complicités et les appuis internationaux dont il disposait, mais nous devons juger sur les preuves et il n'y en a pas. »

L'absence – apparente – de complicité explique le choix de la procédure « per diretta », voisine de nos ex-flagrants délits. La procédure « per diretta » permet de procéder à certaines investigations sans qu'intervienne de magistrat instructeur... »

« ... Les circonstances de l'attentat commis place Saint-Pierre le 13 mai, à 17 heures 17, alors que le pape, en haut de sa jeep blanche, traversait la foule de fidèles, sont désormais totalement éclaircies. M. Ali Agca a agi seul et a tiré deux coups de feu avec un Browning 9 mm fabriqué à Herstal (Belgique). La première balle a effleuré le bras droit du pape puis a atteint à la poitrine une touriste américaine, Mme Ann Ordre. Le second projectile, tiré au moment où le pape se retournait, a pénétré dans la région rectale avant de ressortir par l'abdomen, atteignant le petit doigt de la main gauche du pape et finissant sa trajectoire dans le bras d'une touriste, Mme Rose Hall. Ces cinq blessures provoquées par deux balles s'expliquent par la puissance de l'arme utilisée... »

Procès tronqué : procès faussé!

Pourquoi si peu de conscience de la part d'une justice et d'une police italiennes dont on sait qu'elles disposent dans le cadre de la lutte contre le terrorisme de pouvoirs exorbitants?

Pourquoi Agca condamné, les mêmes hommes, pour la même affaire ont-ils immédiatement retrouvé leur capacité d'inquisition, leur volonté patiente d'agir à partir d'indices inconsistants, leur savoir-faire pour « monter » des procédures pernicieuses couvertes par le « secret » de l'instruction? Comment ont-ils retrouvé leur habilité à exiger de

chaque suspect qu'il fasse la preuve de son innocence alors même que rien ne permet de retenir une
quelconque culpabilité?

La police et la justice italiennes ne sont pas des
institutions perdues dans les brumes et indépendan-
tes du pouvoir politique. Si le premier acte fut si
rapidement conduit, ce n'est certes pas dans un
souci de vérité ou de justice; nul n'y a trouvé son
compte. On doit également souligner que Agca
lui-même n'a pas cherché à jouer les gêneurs; sa
défense lui importait tellement peu qu'il ne fit pas le
choix d'un avocat, il se contenta de l'avocat désigné
d'office. Soixante-douze heures d'audience ont suffi
pour terminer le premier acte de cette affaire de
l'attentat contre le pape.

Outre-Atlantique, Mme Claire Sterling, présentée comme journaliste reçoit une mission du journal
« Reader's Digest », on lui aurait demandé de poursuivre l'enquête en Italie, où elle réside, pour
démasquer les complices d'ali Agca, elle disposera
dit-elle pour agir de moyens illimités et de la plus
totale liberté.

Sur toutes ces questions, la réponse est évidente :
les concertations au plus haut niveau ont conduit les
responsables italiens et leurs services secrets à
conclure qu'il était prématuré de lancer une opération qui visait à établir la complicité avec des agents
du camp socialiste. Le premier acte mal conduit,
ficelé à la sauvette, avait pour avantage de faire
gagner du temps; il permettait en outre de faire

d'Agca un condamné à vie, un déchu, un être vulnérable.

Agca jugé, nul n'a été dessaisi du dossier. Les services de la D.I.G.O.S. et du S.I.S.M.I. n'ont pas levé le pied, ils ont repris leur enquête. Le parquet n'a pas cessé de poursuivre et il a saisi le juge Martella qui doit reprendre dans son intégralité l'information.

Le même journal confie la même mission avec les mêmes moyens en Turquie à un autre journaliste Monsieur Paul Hentze. Madame Sterling et Monsieur Paul Hentze se connaissent bien. La particularité de Monsieur Paul Hentze et qu'il cumule une activité de journaliste avec les fonctions très responsables de général de la C.I.A.

CHAPITRE TROISIÈME

LE CONCILE DU JONATHAN INSTITUTE

Cette affaire relance le grand débat idéologique sur l'Internationale des tueurs. La presse française prend part à cette lutte idéologique, et il est intéressant de relever en juin 1981 deux articles : l'un du journal *Différence* intitulé « les tueurs » sous la signature de Claude Picant, le second dans la revue *Spectacle du Monde* intitulé « les réseaux de la terreur » de François Broche.

Différence écrit : – « Et puis, il faut dire que la D.I.G.O.S., la « police antiterroriste » italienne est bien placée pour savoir qu'il existe une Internationale noire et que celle-ci a ses relais, ses tueurs.

On cherche les anarchistes, on tombe sur un réseau fasciste. Ils avaient infiltré la police secrète.

D'ailleurs la D.I.G.O.S. a été créée parce que l'Internationale noire était tellement bien implantée en Italie qu'elle avait « pénétré » le S.I.D. (services secrets italiens).

LA FILIÈRE

Il a fallu près de douze ans pour connaître quelques chaînons de l'Internationale des tueurs. Le premier attentat sérieux qui les montra en action fut celui de Milan, le 12 décembre 1969 : plusieurs bombes explosent place Fontaine : 16 morts, 88 blessés. Ce qui retint moins l'attention, ce furent les attentats commis à Rome le même jour : 16 blessés.

Dès le départ, le S.D.I. et les carabiniers fournissent les juges d'instruction en données abondantes... sur les anarchistes.

Un certain Valpreda est arrêté, interrogé vigoureusement. Il faudra que deux juges d'instruction, Alessandrini et Fiasconaro, trouvent l'enquête étrange et reprennent la leur à zéro, y compris dans les archives du ministère de la Défense pour que la vérité commence à apparaître : tout débouche sur les groupes néo-nazis. Les deux juges d'instruction retrouveront la boutique où ont été vendus les sacs contenant les bombes, le fabricant des « timers » qui ont été utilisés. Mais tout cela ne sera établi qu'en 1972 par les juges d'instruction de Milan; de la même manière, ils retrouveront dans les « archives », les inspirateurs des militants d'extrême droite italiens : c'est le 18 avril 1969 qu'ont été décidé les attentats, au cours d'une réunion au sommet des représentants de différents mouvements d'extrême droite. Parmi ceux-ci, Pino Rauti, un des fondateurs d'Ordre Nouveau (Ordino Nuevo), député du Mouvement social italien.

Et quand, en 1974, l'enquête sera bouclée (cinq ans après l'attentat de Milan...) Ordre Nouveau n'existe déjà plus : il a été dissous par le ministre de l'Intérieur italien qui a pris une longueur de retard.

Le 23 novembre 1973, avait été ordonnée une rafle dans tous les locaux appartenant à Ordre Nouveau. Quatre mois plus tard, le 7 février 1974, un télégramme du ministère de l'Intérieur avait lancé l'alarme suivante : « Ordre Nouveau désormais dissous par la loi est reconstitué en groupes clandestins sous la dénomination « groupe année zéro ». Le passage à l'action pourrait être imminent; intensifiez la surveillance ».

Le 1er mars 1974, les anciens d'Ordre Nouveau, décidément mal surveillés, se réunissaient à Catolice, dans la province de Forli, et se donnaient un programme « terroriser avec les bombes les antifascistes, déchaîner la terreur du massacre, créer une situation de violence selon les méthodes de la grande et jamais oubliée O.A.S ».

Ce programme allait être le premier à faire référence à des mouvements « étrangers » car l'O.A.S, on allait ensuite la retrouver en beaucoup d'endroits : non pas l'O.A.S. des Pieds-noirs désespérés, mais celle des officiers qui en constituèrent l'ossature, et qui ont essaimé dans le monde entier.

En Argentine, en particulier, où ils ont constitué le fer de lance de la 3 A, l'Alliance anticommuniste argentine, sorte d'escadron de la mort. Ainsi, pour François Corre, un journaliste de *France-Soir*, qui se rendit dans ce pays après la disparition de deux religieuses, tous les témoignages sont formels; d'anciens membres de l'O.A.S. dirigeaient le commando qui enleva les deux religieuses.

Pour beaucoup, ils étaient arrivés là après un passage par l'Espagne qui fut le refuge de nombre d'entre eux, mais pas d'eux seuls. Ainsi, le lundi 24 février 1977 à Atocha, un quartier de Madrid, des hommes armés de pistolets-mitrailleurs à silencieux font irruption dans le cabinet collectif d'avocats madrilènes, tuent cinq personnes dont quatre avocats des Commissions ouvrières. Le massacre est revendiqué par l'Alliance Apostolique Anticommuniste Espagnole (A.A.A.E.), qui n'est pas sans rappeler la 3 A Argentine. Le 29 février, la police madrilène fait une descente dans un appartement 29, calle Felaio, en plein centre de Madrid. Elle y découvre un atelier de réparations d'armes et six ressortissants italiens.

Au cours d'une seconde descente, on trouve une jeune Française. Parmi les Italiens un nommé Marco Pozzan, un ancien dirigeant d'Ordre Nouveau. Et après vérification, les policiers espagnols vont découvrir avec stupeur que la jeune femme est de Nice, qu'elle est l'associée de la femme... d'Albert Spaggiari. Celui du « casse » de la Société Générale. Au cours de la descente, on découvre également trois lingots d'or venant du « casse » de Nice. Spaggiari est un ancien de l'O.A.S. Au cours de ses interrogatoires, il a toujours dit que la plus grosse partie de l'argent était partie dans les caisses d'une mystérieuse organisation : la Catena. C'est là que vont se dérouler certaines péripéties curieuses de cette longue histoire. Les autorités françaises vont dire que la Catena, elles ne connaissent pas. Les Italiens vont faire remarquer que cela veut dire tout simplement la « chaîne » et que depuis long-temps, on sait que ce fut le nom d'un réseau d'évasion d'anciens nazis. Ensuite, les versions vont diverger à propos de la jeune femme. Les autorités françaises n'auraient pas été avisées de son arrestation.

Les Espagnols, eux, disent : « ce n'est pas vrai, nous attendons toujours un mandat d'arrêt interna-tional qui devait venir ».

Autres points curieux : quand la police espagnole fit sa descente, elle s'attendait à retrouver deux hommes : Stefano Della Chiaiae, et Guérin-Serac. Stefano Della Chiaiae, qui tenait une « trattoria » à Madrid, était un ancien dirigeant d'Ordre Noir et vraisemblablement l'organisateur de la plupart des attentats commis en Italie et qu'on tenta de mettre sur le dos des anarchistes.

Les pistolets-mitrailleurs qu'on découvre chez Aginter étaient fabriqués par une officine de la C.I.A.

Guérin-Serac, ancien de l'O.A.S.., comme Spag-giari, avait tenu jusqu'à la « Révolution des œillets » au Portugal une étrange agence de presse Aginter : quand les militaires portugais firent une descente

LA FILIÈRE

dans son officine, ils découvrirent bien de quoi faire un petit bulletin (d'ailleurs imprimé à Dieppe, en France), mais aussi une des plus belles officines de fabrication de faux papiers qu'on avait jamais vues et qui avait une particularité étonnante : les tampons qui servaient à faire ces faux papiers n'étaient pas faux, mais avaient disparu de commissariats, de casernes, de préfectures; enfin dernier détail qui attira peu l'attention, les pistolets-mitrailleurs à silencieux qu'on trouve à Madrid, s'ils furent dénommés « Marietta » par les Italiens, sont connus par les amateurs d'armes sous le nom de son inventeur Gordon Ingram, qui vendit le brevet à une officine de la C.I.A. : la B.R. Fox Compagny.

Il y aurait sans doute eu beaucoup de questions intéressantes à poser à Della Chiaiae et à Guérin-Serac, mais ils étaient partis... pour l'Argentine.

Pendant ce temps, l'Internationale Noire continuait à sévir : en 1980, Bologne, 84 morts et 203 blessés. Et les polices italienne et allemande, dès le départ, affirment que ces attentats étaient le fait de mouvements néo-nazis. Après Bologne, on arrête à Nice un nommé Marco Alfatigato... qui avait été arrêté bien auparavant par la police monégasque. Celle-ci en référera à la police française, un mandat international étant lancé contre lui : il fut relâché.

A Munich, le tueur qui mourut dans l'attentat faisait partie d'une organisation dirigée par un certain Karl Hoffman. Hoffman, qui, en 1963, monta pour le compte des militaires grecs une organisation fasciste qui se livrera au trafic d'armes pour les Kurdes, se fit arrêter... en Turquie et fut relâché des prisons turques dans on ne sait pas trop quelles circonstances. Hoffman que les autorités allemandes laissaient agir parce qu'il était «folklorique», disposait de fonds énormes, et il ne cacha jamais son but.

Ali Agca aimait beaucoup l'Allemagne. Pourquoi? Qu'y faisait-il? Qui y rencontrait-il?

Après le massacre de Munich, un de ses porte-parole confia à Jacques-Marie Bourget, journaliste à *V.S.D.* et un des meilleurs spécialistes de ces questions : « Dans notre esprit, dès le départ, il n'y avait aucune ambiguïté. Nous voulions former une troupe solide, un corps d'élite international préparé à toutes tâches militaires et clandestines. Heroldsberg était la base numéro 1, mais nous envisagions d'en créer d'autres ailleurs, même à l'étranger, de former des commandos mobiles...

Beaucoup de personnages officiels, des militaires importants nous ont toujours aidés. Aujourd'hui même, nous gardons de bons contacts ».

L'interview fut recueillie en octobre 1980, huit mois après la « dissolution » officielle. Au même moment, un rapide recensement permettait de décompter 83 organisations néo-nazies en Allemagne, ayant environ 18 000 adhérents, et des contacts avec tout ce qu'il y a de fascistes et de néo-nazis dans le monde, y compris les Loups Gris, le mouvement d'extrême droite dont faisait partie Mehmet Ali Agca. Les Loups Gris qui sont regroupés en

49

R.F.A. sous l'égide d'une « Fédération des clubs idéalistes »...

***

Les réflexions de Monsieur Claude Picant et les éléments qu'il apporte sur l'organisation d'une Internationale Noire des néo-nazis ne sont pas repris par les grands média et l'ensemble de la presse; les journaux sont plus sensibles à une autre influence idéologique venue des U.S.A. et de Grande-Bretagne.

Tel est le cas de Monsieur François Broche qui se demande dès juin 1981 dans son article *Le Spectacle du Monde* : « si Agca n'a pas agi directement pour le compte d'une organisation précise. N'aurait-il pas été manipulé ou téléguidé par une mystérieuse officine terroriste ? »

– « Ces affaires récentes incitent à poser une nouvelle fois la question : qui se trouve derrière les terroristes, qui les finance, qui les arme, qui les manipule ? »

En même temps qu'il pose les questions, Monsieur François Broche apporte des réponses très orientées; il continue : « marié à une Allemande Agca a effectué un long séjour en Allemagne où il était en relation avec les Loups Gris, une organisation clandestine turque qui se réclame de Kemal Ataturk mais qui, selon la police fédérale, est manipulée par les services secrets de l'Allemagne de l'Est ».

LA FILIÈRE

Qu'est-ce qui inspire Monsieur François Broche? Là encore il répond lui-même : il termine son article en citant les sources de sa réflexion. « Au mois de juillet 1979 s'est déroulé à Jérusalem un congrès sur le terrorisme international, organisé par le Jonathan Institute.

De nombreux hommes politiques et intellectuels occidentaux y ont participé, parmi lesquels MM. Kissinger, Henri Jackson, Robert Moss, rédacteur en chef de l' « Economist » de Londres, et co-auteur, avec le journaliste américain Arnaud de Borchgrave, de « l'Iceberg » (Tallandier/Lattès), ainsi que M. Brian Crozier, fondateur et directeur de l' « Institut britannique pour l'étude des conflits ».

Au cours de ce congrès, MM. Moss et Crozier ont démontré, avec de nombreux exemples à l'appui, que les organisations terroristes recevaient une aide politique et financière de Moscou. M. Moss a précisé : « L'Union soviétique délègue une grande partie de la tâche délicate d'assurer la liaison avec les groupes terroristes, à ses satellites.

Parmi ces derniers, deux se montrent particulièrement actifs; La R.D.A. et Cuba. Mais des bases de guérilla et d'entraînement à la subversion par la terreur existent également en Tchécoslovaquie et en Bulgarie.

La démonstration a été récemment reprise par la journaliste américaine Claire Sterling, qui vient de publier « Le Réseau de la Terreur » (Lattès). Un ouvrage mal accueilli en Occident, surtout dans les milieux progressistes qui ont toujours beaucoup de mal à admettre qu'il n'y a pas de frontière entre le terrorisme actif et la sympathie que l'on peut éprouver pour la cause qu'il prétend défendre.

Mme Sterling décrit ainsi le rôle de l'U.R.S.S. : « Les Soviétiques n'ont jamais entendu créer ni contrôler des groupes terroristes nationaux et encore moins diriger leurs activités quotidiennes. Ceux-ci sont, pour la plupart, issus de mouvements relativement non violents qui exprimaient à l'origine des revendications économiques, politiques, religieuses ou ethniques. Il reste que, grâce à l'aide de Moscou, en dix ans, ces amateurs équipés artisanalement, ignorants des techniques de guérilla, sont devenus des professionnels puissamment entraînés, disposant d'équipements et d'armements sophistiqués... »

C'est également l'analyse de M. Cyrille Henkines, qui vient de publier chez Fayard, sous le titre « L'espionnage soviétique », un ouvrage consacré au « cas » de Rudolf Abel. M. Henkine : affirme : « La presque totalité des mouvements terroristes, de quelque bord qu'ils soient, ont nécessairement des contacts directs ou indirects avec l'U.R.S.S.. Il n'y a qu'elle qui peut leur fournir des armes, de l'argent, et un appui logistique. »

Ancien patron du S.I.D., le deuxième bureau italien, le général Miceli ne se montre pas moins formel : « Les liens des terroristes italiens avec la zone d'influence soviétique sont évidents. (...) Je peux affirmer que le terrorisme italien est dirigé de

Moscou par le K.G.B. et le G.R.U. (le service de renseignements militaire soviétique). Tous les pays du Pacte de Varsovie collaborent à cette œuvre, de même que les pays sous l'influence soviétique, de Cuba au Yémen du Sud. »

Les Soviétiques sont particulièrement bien placés pour savoir, qu'à plus ou moins long terme, le terrorisme entraîne dans le corps qu'il gangrène des lésions irréversibles.

C'est en Russie que fut inventée, en 1866, ce que Mme Sterling appelle « la solution Ishutin », du nom du fondateur de cette organisation terroriste qui rassemblait « une poignée d'intellectuels, de fous, et de criminels endurcis. »

Les disciplines d'Ishutin utilisèrent tous les moyens (vol, meurtre, dynamite) pour miner l'autorité du tsar.

Lorsque cette autorité fut détruite, la révolution d'Octobre put éclater.

**

Ainsi donc, la filière bulgare n'est pas apparue en août 1982 puis en septembre 1982, pour l'édition française du Reader's Digest. Elle n'apparut pas en conclusion du travail de Claire Sterling : elle précéda les missions de cette étrange journaliste imprégnée d'une idéologie qui consiste à masquer le rôle de la C.I.A. dans le terrorisme noir. Elle prétend, comme on l'a vu, que le terrorisme est toujours un

53

acte de déstabilisation de l'Occident et qu'il est donc manipulé par Moscou et ses satellites.

Le thème central de la guerre idéologique, tel qu'il a été tracé par le Jonathan Institute, a été bien compris par le journaliste François Broche qui suggère, dès juin 1981, les pistes possibles du K.G.B., de Cuba, de la R.D.A., de la Tchécoslovaquie et de la Bulgarie.

Il opte assez nettement à cette époque pour la R.D.A. avec une fausse information : Agca vécut en Allemagne de l'Ouest, il se serait marié à une « Allemande » et il est manipulé par les services secrets de R.D.A. qui contrôlent les organisations néo-nazies des Loups Gris.

Comme pour tous les journalistes engagés sur le front de la guerre idéologique, il n'y a ni document ni commencement de preuve; François Broche évoque la source de l'information en précisant « selon la police allemande », pour le surplus de sa démonstration il cite des auteurs qui assènent comme des « évidences » la réalité des filières soviétiques ou bulgares; le livre de Mme Sterling paru en 1977 « Les Réseaux de la Terreur » est cité comme un ouvrage de référence.

L'article de François Broche rappelle que les hommes politiques et les journalistes occidentaux engagés dans cette croisade idéologique se sont réunis en conférence à Jérusalem en juillet 1979. Des magistrats étaient également présents.

LA FILIÈRE

Les Bulgares qui, fidèles à leur tradition, mènent au pied à pied un combat de résistance, les appellent les néo-croisés. Le terme est bien choisi pour évoquer cette croisade relancée de Jérusalem.

Jacques Soustelle, l'homme du coup d'état factieux d'Alger de 1958, évoque dans le journal *l'Aurore* du 14 juillet 1979 toute l'importance de la Conférence de Jérusalem sur le terrorisme à laquelle lui aussi était invité. Le titre de l'article est sans équivoque : « L'U.R.S.S. tire tous les fils ». Il écrit : « Un des buts du terrorisme, dans sa stratégie machiavélique, n'est-il pas de forcer en quelque sorte un État démocratique à se durcir jusqu'à se renier lui-même? Eh bien, il faut le reconnaître, l'O.L.P. a échoué sur ce point comme sur les autres : Israël est resté fidèle à ses principes.

Cette conférence se réunissait trois ans juste après l'extraordinaire coup d'audace qui libéra les otages retenus en Ouganda à Entebbé, par les Palestiniens, avec la complicité d'Amin Dada. C'est donc dans ce bref combat que le jeune lieutenant colonel Jonathan Netanyahu, trouva la mort. L'Institut Jonathan qui organisa la réunion, l'a placé sous l'invocation de sa mémoire.

Pour bien combattre un ennemi, il faut d'abord le connaître. Le terrorisme se renforce de nos ignorances. J'ai, quant à moi, suivi avec un intérêt de plus en plus passionné le déroulement des débats. Jour après jour, à mesure que des écrivains comme les Anglais

Robert Moss et Paul Johnson, des diplomates comme l'Italien Manlion Brosio, les sénateurs américains Jackson (démocrate) et Danforth (républicain), l'exilé soviétique Vladimir Boukovsky, des analystes tels que Brian Crozier, le magistrat ouest-allemand Horchem, le député aux communes Hugh Fraser, et bien d'autres, sans oublier notre compatriote Annie Kriegel, venaient ajouter à la mosaïque du terrorisme mondial une ou plusieurs pièces, nous avons vu se dessiner et se compléter sous nos yeux le tableau du terrorisme mondial.

Et d'abord, c'est un tableau vraiment mondial. Le terrorisme – défini comme assassinat d'innocents pour atteindre un but politique ou obtenir de la publicité – montre partout son visage hideux. Partout, et par les mêmes procédés : meurtres, prises d'otages, poses de bombes, il cherche à ébranler, à déstabiliser les démocraties, à saper les positions politiques et économiques en Occident. A la tête de cet affreux palmarès, il y a, bien sûr, les Palestiniens spécialisés dans les détournements d'avions et les massacres d'enfants, mais n'oublions pas l'I.R.A., dite provisoire, d'Irlande du Nord, ni le Front Patriotique, de Zimbabwerhodésie, ni la Swapo de Namibie. Et la sinistre litanie peut se poursuivre avec les terroristes turcs, les Fédayins lybiens, les Brigades Rouges d'Italie, la Rote Armée d'Allemagne de l'Ouest, l'Armée Rouge japonaise, l'E.T.A. basque, et même nos Fronts de libération corse et breton.

Le terrorisme est international, et il y a une Internationale terroriste à l'échelon de la planète.

Oh certes, il ne faut pas la concevoir comme une organisation pyramidale et structurée dans les moindres détails, sous un commandement unique. Mais – et là les informations apportées à Jérusalem par les divers participants m'ont frappé comme particulièrement révélatrices : directement ou indirectement, tôt ou tard les groupes terroristes s'intègrent dans un ensemble dont les services secrets soviétiques, le K.G.B. tire les fils pour les utiliser au profit de l'impérialisme russe. Les voies sont diverses : tantôt c'est Cuba qui sert d'intermédiaire, tantôt Berlin-Est, quelquefois le fanatique Khadafi. Des Arabes, y compris certains dits « modérés », apportent leur contribution financière notamment. Ce qui est clair c'est que les « élites » terroristes passent par l'endoctrinement à l'institut Lénine ou à l'université Patrice-Lumumba en Union soviétique.

Les exécutants sont formés et entraînés dans des camps, soit en U.R.S.S. à Simféropol, Odessa, Tachkent ou dans les environs de Moscou, soit en Corée du Nord, au Sud-Yémen... ».

La « filière bulgare », première grande bataille idéologique des néo-croisés, comportera, nous le verrons, tous les ingrédients évoqués par Jacques Soustelle.

L'un des grands théoriciens, l'Anglais Robert Moss, apparaîtra peu en France, si ce n'est sous forme d'auteur de « romans » engagés publiés chez Lattès, mais son travail intense d'idéologue de la désinformation est repris dans l'ouvrage d'Édouard Sablier publié chez Plon en 1983 « Histoire secrète du terrorisme ».

Le *Canard Enchaîné* évoque cet ouvrage dans un article du 30 mars 1983. – «Terrorisme et recopiage ».

– « Tous les lundis, ou presque, en 1980 et 1981, le *Daily Telegraph* de Londres publiait une chronique signée Robert Moss, dans laquelle ce journaliste analysait, à sa façon, les atrocités de la Troika Andropov – Kadhafi – Castro et du K.G.B. Armé de ciseaux et d'un pot de colle, Édouard Sablier les dénonce à son tour dans le livre qu'il vient de publier.

Or aux pages 149, 150, 162, 172, 173, 185, 190, 194 à 196 (et on en passe) de l'ouvrage en question, on peut lire, presque mot pour mot, des passages entiers dus à la plume de Robert Moss dont le nom est vaguement cité, de temps en temps. Histoire de montrer son originalité, Sablier a un peu modifié l'ordre des paragraphes du confrère d'Outre-Manche.

Les Éditions Plon n'ont reculé devant aucun effort. Sur la couverture du bouquin, on peut lire : « le livre qui a déchaîné les foudres du parti communiste français... » Sur son dos on apprend que l'auteur, éditorialiste à France-Inter, a mené « une enquête minutieuse et éclairante » (sic). Grâce à quoi, il est en mesure de révéler que le terrorisme international trouve sa source dans les bureaux du K.G.B., à Moscou. Prodigieuse nouvelle!

LA FILIÈRE

A propos de sources, Édouard Sablier a fait preuve d'une discrétion exemplaire quant à l'origine des informations qui lui permettent de décrire la stratégie du K.G.B. avec autant de précision que s'il campait sous une table du Kremlin. Jamais une note en bas de page, et une bibliographie rudimentaire. Pas très convaincant, en somme, si l'on considère le nombre énorme d'attentats dont il parle : de celui de la rue Copernic jusqu'à l'assassinat à Beyrouth, de l'ambassadeur de France, Louis Delamare, en passant par le massacre de la gare de Bologne, en Italie, etc.

A la suite de sa brève bibliographie, Édouard Sablier cite quelques noms de journalistes et de journaux français ou étrangers. On y découvre, au passage, ceux de Robert Moss et du *Daily Telegraph*. Sablier les nomme, mais sans jamais donner une date ni un titre d'article. Il sait lire l'anglais, cet homme, et il le traduit très bien... On peut même dire qu'il le transcrit. »

Pour Édouard Sablier comme pour tous les journalistes qui adhèrent au « Concile Jonathan » de Jérusalem la tâche est simplifiée. Robert Moss n'a pas émis de protestation pour avoir été plagié dans l'ouvrage français, bien au contraire, la reprise de ses idées martelées comme des « évidences » est la pièce maîtresse de l'édifice construit pour mener la croisade idéologique. On a évoqué l'orchestre rouge... puis l'orchestre noir... Robert Moss, Sterling, Hentze et les autres c'est l'orchestre blanc des néo-croisés.

LA FILIÈRE

* * *

Au colloque du Jonathan Institute participaient aussi des Italiens : un juriste Me Piero Luigi Vigua membre de l'Institut des Relations internationales à Rome et Manlio Brosio, ancien ambassadeur d'Italie en Union soviétique puis aux États-Unis, membre du Comité atlantique italien.

Ils ont entendu l'Anglais Paul Johnson dénoncer les philosophes de la violence : les pères spirituels de tous les terrorismes : Lénine, Trotski, Che Guevara mais aussi et surtout Sartre et Frantz Fanon.

L'une des conclusions fut tirée par l'Américain Norman Podhoretz, éditeur de la revue « Commentary » qui proclame : – « Cela signifie qu'il faudra se battre sur le plan de l'argumentation – et c'est un point fondamental. Et se battre non avec le premier argument venu, à coup d'exhortations ou de pieuses dénonciations du fléau qui font vite bâiller tout un chacun. Il est des arguments qui réveillent les gens, au lieu de les endormir. Ici même, un certain nombre de personnes ont été aiguillonnées jusqu'à la fureur politique par l'affirmation répétée et solidement documentée – dans les limites d'une brève conférence – selon laquelle l'Union Soviétique est totalement impliquée dans l'inspiration, l'entraînement et le financement des activités terroristes un peu partout dans le monde...
– « Il importe de détruire le concept erroné selon lequel le terrorisme se comprend et s'explique par la recherche de causes sociales. Une fois encore,

répétons que le terrorisme n'a pour origine que les terroristes. La capacité de ceux-ci à opérer efficacement dépend du soutien financier et des terrains d'action ou d'entraînement que leur réservent tels ou tels États. Les terroristes peuvent avoir des griefs spécifiques, mais ils ne deviennent une force avec laquelle il faut compter que s'ils obtiennent le type de soutien que l'O.L.P. a obtenu de l'Union Soviétique, de ses agents et de ses alliés arabes, c'est-à-dire soutien financier, entraînement, territoires réservés. »

Georges Bush qui participe à la conférence est présenté à cette époque comme un diplomate américain, leader du Parti Républicain.

Il a eu un rôle essentiel dans la préparation de la conférence et on rappelle qu'il dirigea la C.I.A. en 1976 et 1977. Il intervient à la clôture des travaux, juste avant le major général Sholms Gazit, chef des services secrets de l'armée israélienne.

Georges Bush souligne l'importance de la conférence contre un « terrorisme » qui « détruit les fondements de la société et déstabilise les équilibres du commerce ».
Il se manifeste partout, dit-il, en Amérique du Nord et dans l'Europe de l'Ouest, mais surtout au Moyen-Orient et en Amérique latine.

Le terrorisme, précise-t-il, menace les valeurs fondamentales de la libre société et l'ordre établi. Il faut convaincre l'opinion mondiale que l'état de terreur a pour origine la révolution bolchévique et que les Soviets manipulent tous les terrorismes pour déstabiliser l'Occident. Pour justifier du caractère urgent de la campagne, il souligne qu'on peut craindre désormais de voir apparaître « un terrorisme nucléaire » (entraîné bien entendu par les Soviets).

Georges Bush fait référence à Brian Crozier qui a été chargé de présenter un rapport sur les thèmes essentiels du Concile :

1) Le terrorisme contribue à affaiblir et déstabiliser les régimes non communistes.

2) En apportant une aide au groupe ou aux organisations subversives, l'Union Soviétique espère les placer sous leur influence et éventuellement sous leur contrôle.

Crozier a dénoncé l'aide apportée par l'U.R.S.S. au terrorisme sous toutes ses formes (Mozambique, Angola, Indochine, Algérie) et a rappelé que tous les partis communistes, y compris le parti communiste italien, sont dans cette stratégie, aux ordres de Moscou.

L'Anglais Paul Johnson tentera de dégager les commandements sur lesquels doit s'appuyer la campagne idéologique, il remet à tous les participants du Concile un texte qui s'intitule : « Les sept péchés capitaux du terrorisme. »

LA FILIÈRE

Le préambule indique d'emblée que la lutte idéologique proposée revêt un caractère de priorité :

– « Il y a deux façons de voir le terrorisme. Avant de vous montrer celle que je crois juste, permettez-moi d'évoquer celle dont je suis certain qu'elle est fausse.

Fausse, l'opinion selon laquelle on voit dans le terrorisme l'un des symptômes d'un malaise profond et général dans notre société; ou l'un des aspects de la montée de la violence, qui englobe la délinquance juvénile, la criminalité croissante, les émeutes dans les universités, le vandalisme, etc; tous phénomènes dont on attribue la cause à la bombe H, au matérialisme occidental, aux films sur la violence, à l'augmentation du nombre des divorces, aux carences des services publics, à la misère... On en arrive alors à une conclusion inepte et défaitiste : c'est la société même qui est à blâmer, et pour citer les psychiatres de la caricature : « Nous sommes tous coupables ».

Cette opinion flottante, sans fondements logiques ni rigueur scientifique, mène à une impasse.

La vérité la voici : le terrorisme international n'est nullement partie intégrante d'un problème général. Il constitue un problème à part, spécifique, bien identifiable... »

« ... Je crois fermement qu'on ne saurait exagérer la menace que constitue le terrorisme pour notre civilisation. Une menace plus sérieuse, plus grave, plus sévère à beaucoup d'égard que la menace d'une guerre nucléaire, de l'explosion démographique, de la pollution, ou du tarissement des ressources de notre globe... »

« ... Les terroristes ont considérablement renforcé leur position militaire par rapport aux forces de sécurité. Voilà bien un théâtre d'opérations où la barbarie gagne du terrain sur la civilisation. Et elle gagne du terrain précisément parce qu'elle peut avoir recours à une infrastructure internationale. Le terrorisme n'est pas un phénomène purement national qu'il est possible de vaincre à un niveau national. Le terrorisme est une offensive menée sur un plan international, une guerre ouverte et déclarée contre la civilisation elle-même. »

« ... L'impact du terrorisme sur les nations en particulier, et sur l'humanité d'une manière plus générale, est un impact diabolique, une incarnation du mal sous tous ses aspects. »

*
* *

La philosophie du Jonathan Institute est donc bien claire.

L'opinion ne doit pas aboutir à « la justification morale » du terrorisme, il faut empêcher que les média s'attardent sur des considérations économiques sociales ou politiques, que des clivages apparaissent pour distinguer les terrorismes de gauche (Mouvement de libération, guerillas) et les terrorismes de droite (mouvement néo-nazi).

Il faut à tout prix réaliser l'amalgame; le terrorisme a perdu le sens moral, qu'il soit de gauche ou de droite, il déstabilise « l'ordre établi » et menace « le monde libre ».

Au passage, Paul Johnson précise que seules les « démocraties » sont menacées et jamais les « États totalitaires ». Il précise dans sa brochure :
– « Le régime du Shah d'Iran a été renversé non parce que c'était un régime arbitraire, mais parce qu'il ne l'était pas assez. »

Les démocraties, indique encore le théoricien, doivent se libérer de « leur répugnance à user d'une autorité forte ».

Il est impératif qu'à tout moment, le terrorisme apparaisse comme manipulé par l'Empire du Mal, que partout soit dénoncée la main du K.G.B. ou des satellites de l'U.R.S.S.

Pour chacun des néo-croisés, l'orientation idéologique du Concile Jonathan est précise : premièrement, exclure toute analyse des « causes sociales » du terrorisme, refuser le travail de l'observateur politique et de l'historien, en second lieu, donner de l'acte terroriste une image de violence accomplie pour elle-même pour déstabiliser « l'ordre établi ». Porter le regard sur l'arme et la victime, faire oublier le tueur et ses motivations. Enfin, ne pas craindre d'aller jusqu'à la « fureur politique » et l' « affirmation répétée » que l'Union soviétique est totalement impliquée dans tous les terrorismes, partout dans le monde. »

LA FILIÈRE

L'intérêt de cette idéologie est qu'elle n'exige plus aucune rigueur dans le travail d'information.

L'hypothèse d'une filière bulgare ou cubaine peut désormais être évoquée à propos de n'importe quel événement; le journaliste n'aura plus besoin de justifier ses sources, il aura la certitude que la filière « Jonathan » de pays en pays, et de média en média, transformera la rumeur dénuée de fondement en réelle hypothèse, puis l'hypothèse en véritable source d'information. Alors les sources d'informations multipliées et compilées pourront prendre l'apparence d'un véritable dossier à référence.

La désinformation aura atteint son but.

Le Concile Jonathan a une importance capitale dans l'histoire contemporaine. Il a consacré l'universalité d'une pensée néo-conservatrice venue d'outre-atlantique dans une période où les pays d'Europe cessent d'être porteurs des traditions d'humanisme et de progrès. Il faut savoir se souvenir de ce que fut en France le rôle des grands intellectuels de la culture et des sciences depuis le début du siècle.

L'affaire Dreyfus n'est pas oubliée lorsque Romain Rolland porte seul de 1914 à 1918 contre l'union sacrée des politiciens, l'idée d'un monde où les peuples français et allemand retrouveraient le chemin de la fraternité; Henri Barbusse et Anatole France le rejoignent au lendemain de la grande guerre pour faire écho à l'immense volonté de Paix et saluer le bouleversement le plus considérable de l'histoire : la révolution des ouvriers et des paysans contre le tzar russe. Ils sont présents encore dans

LA FILIÈRE

l'opinion, ces intellectuels, pour soutenir les luttes ouvrières, condamner la guerre du Rif et dénoncer la montée du fascisme.

Lorsque Goering organise le 27 février 1933 l'incendie du Reichstag, lorsque le Bulgare George Dimitrov est arrêté et désigné comme incendiaire, des milliers d'intellectuels se constituent en comité, le professeur Nicole du Collège de France, le professeur Paul Langevin, Levy-Bruhl, Marcel Prenant, René Arcos, Jean Cassou, Jean Cocteau, Geoges Duhamel, Léon Frapié, Charles Vildrac, Autant-Lara, Jacques Feyder, André Gide, Arthur Kœstler, Paul Signac, Maxime Gorki, Albert Einstein. Les plus célèbres avocats s'engagent dans le combat contre la provocation fasciste : Me Moro-Giafferi, Me Torres, Me Willard; on leur interdit d'assurer la défense de G. Dimitrov devant la cour de Leipzig.

Le 11 septembre 1933, Me Moro Giafferi, salle Wagram, à Paris plaide pour George Dimitrov devant une foule de cinq mille parisiens.

Le journal Le Temps rend compte largement de l'événement parisien dans son numéro du 13 septembre 1933 sous le titre : « La manifestation de la salle Wagram pour les accusés de Leipzig. »

– « Me Moro Giaferri qui avait parlé avant son confrère, ne lui avait laissé rien à dire sur la cause des quatre « innocents » qu'ils s'étaient offerts, l'un à l'autre, à défendre devant la cour de Leipzig. Il avait même épuisé le dossier du co-accusé Van Der

Lubbe, réellement coupable, lui, d'avoir allumé l'incendie. Il avait dressé un réquisitoire contre Goering.

Infatigable (il avait parlé plus d'une heure et demie, sans que sa voix claire ait un instant faibli), subtil, plus redoutable encore quand il insinuait que lorsqu'il accusait formellement, Moro-Giafferi, dans cette enceinte peu judiciaire, a improvisé une des plus belles plaidoiries de sa carrière. On ne pouvait se défendre d'admirer – objectivement – l'adresse avec laquelle l'ancien sous-secrétaire d'État, sans pourtant se permettre de juger l'hitlérisme, ni tomber dans la déclamation, mêlait par instants des soucis politiques à sa mission d'avocat.

C'est d'abord à Van Deer Lubbe qu'il s'en prend. On sait que ce Hollandais arrêté au cours de l'incendie dans le Reichstag avoua tout de suite.

Avait-il agi pour le compte des organisations communistes bien qu'il en eut été exclu depuis longtemps, comme il fut établi par la suite?

Me Moro-Giafferi, grâce à une solide démonstration, s'efforce de mettre hors de cause la responsabilité de la IIIᵉ Internationale. Il n'affirme pas que ce criminel ait été un agent des nazis, mais il trace un portrait saisissant de cet étrange personnage séduit tantôt par l'anarchie, tantôt par une conception fasciste du socialisme ou par celle des Soviets, quand il n'était pas repris d'un retour de flamme mystique.

68

L'ancien député de la Corse, avec la même force persuasive expose les arguments qui semblent démontrer que les quatre co-accusés de l'incendiaire dont le député communiste Torgler sont eux, parfaitement innocents.

De minute en minute devient plus logique l'hypothèse d'une machination. Rappelant la fameuse histoire du souterrain qui relie au Reichstag la demeure du président de cette assemblée, rappelant aussi que les coupables n'auraient pu faire pénétrer dans le Reichstag l'immense quantité de matériel incendiaire qui y fut retrouvé, si toutes facilités ne leur avaient été accordées, Me Moro-Giafferri met en cause sans ambages M. Goering.

Ce ne fut pas hier soir une minute moins pathétique que celle où la sœur d'un des accusés de Leipzig, Mlle Dimitrova, se dressa à la tribune pour affirmer que son frère est un collectiviste mais non pas un criminel. »

Me Henri Torres qui participe au meeting, en fait le récit. « Quelques jours auparavant s'était tenu à Paris un meeting tel que j'en ai jamais connu de semblable. Des milliers d'auditeurs, faute d'avoir pu trouver place à l'intérieur, se pressaient aux portes de la salle Wagram.

Monnerville, député de la Guyane depuis 1932, Moro-Giafferi et moi-même prîmes la parole, faisant appel au-dessus des nations et des partis à la conscience universelle.

Quel enthousiasme quand Moro, agrippé au micro, dont les lèvres éloquentes frôlaient la plaque, sensible, apostropha ses confrères allemands. « Écoutez-moi, vous qui portez la même robe que moi. Notre métier est le dernier des métiers, nous devons en rougir devant le charlatan qui vend son laurier lorsque nous avons peur, lorsque sous la robe noire symbole de notre courage et de notre liberté, ne bat pas un cœur capable de braver la mort... »

Quel était à Berlin, le 27 février au soir, l'homme qui détenait les clés du Reichstag comme les clés du souterrain? Quel était l'homme qui commandait la police et pouvait en activer ou en arrêter la surveillance? Cet homme à la fois ministre de l'Intérieur de Prusse et président du Reichstag, c'était Goering. »
« Oui, Goering, c'était toi! »

Les intellectuels sont encore l'honneur de l'Europe lorsqu'ils s'engagent dans les combats de la résistance contre le nazisme, dans l'appui aux forces antifascistes d'Espagne ou de Grèce, dans l'action de solidarité avec les peuples qui luttent pour leur indépendance : Viet-Nam, Algérie, Cuba. Ils portent comme une plaie leur impuissance à sauver Ethel et Julius Rosenberg condamnés à la chaise électrique : il n'a jamais cessé d'exister aux États-Unis des forces politiques qui savent que la machination judiciaire est l'instrument le plus efficace pour monter les provocations politiques et abuser l'opinion. La robe du magistrat qui condamne est plus persuasive que la plus intense campagne de presse.

LA FILIÈRE

En France, plus que dans tout autre pays, les mouvements d'intellectuels en colère se sont assoupis; d'autres clameurs s'éveillent savamment orchestrées et dirigées pour creuser le fossé entre l'Ouest et l'Est. Turquie assassinée, Amérique latine en proie aux commandos de la mort, mais aussi hier l'Indonésie oubliée où il y eut un million de morts lorsque, comme en Afghanistan, la réaction féodale fut en mesure de reprendre le pouvoir contre des progressistes qui ne bénéficiaient d'aucun soutien extérieur.

C'est ce repli des intellectuels de l'Europe, qui a été consacré par le Concile Jonathan. La pensée néo-conservatrice d'outre-Atlantique est désormais capable d'imposer une stratégie dans la vieille Europe. Quelle aliénation! lorsque, sur la directive du Concile Jonathan, les journalistes acceptent d'oublier qu'Agca est un criminel néo-nazi intelligent et déterminé, parce que l'hypothèse d'une filière bulgare impose de masquer le tueur, d'en faire un personnage « trouble », sans personnalité politique marquée, susceptible d'être l'objet de toutes les manipulations.

Quel dévoiement! lorsque le Concile Jonathan fait accepter à coup de rumeurs des hypothèses qui ne reposent sur aucun élément probant et vérifiable.

Quel danger! lorsque la distribution des pouvoirs qui caractérise un état fait apparaître que l'appareil judiciaire obéit à un partage occulte qui répond aux exigences de la lutte idéologique de la nouvelle droite.

LA FILIÈRE

**

Le Concile Jonathan est une résurgence apparue en 1979 mais la rivière souterraine trouve sa source beaucoup plus loin dans l'histoire contemporaine des États-Unis.

Le bulletin B.I.I.C. spécialisé dans les enquêtes sur les services de renseignements a publié en mai-juin 1981 une étude très complète sur la nouvelle idéologie. Il écrit en préambule :
– « La concentration du pouvoir économique et politique entre les mains d'une minorité très réduite dans le « Monde libre », en général, et aux États-Unis, en particulier, est largement considérée comme une constante de notre société. Cette connaissance commune a été clarifiée et confirmée par des recherches universitaires sur la structure du pouvoir. Le fait que cette minorité influente comprenne, dans le cas des États-Unis, le milieu du crime organisé (la mafia) et des éléments importants des services secrets (la C.I.A. et le F.B.I.), ne semble plus étonner personne depuis l'administration de Richard Nixon et le scandale du Watergate. Des travaux parus depuis ont démontré que cette administration a historiquement été le premier carrefour où se sont rencontrés l'exécutif, la C.I.A. et la Mafia. Mais avec l'administration de Ronald Reagan, nous nous trouvons en présence d'un carrefour unique dans l'histoire des grandes nations, où l'exécutif, la mafia, la C.I.A. et la droite/extrême droite se rencontrent pour former la partie essentielle de

cette minorité très réduite qui dirige aussi bien les États-Unis que le « Monde libre ».

Le Concile Jonathan est l'enfant naturel du « Kitchen Cabinet » qui prépara en 1966 l'élection de Reagan au poste de gouverneur de Californie.

Avant la guerre Ronald Reagan avait été cet acteur déçu de ne jamais être le premier. A partir de 1947 il avait présidé le syndicat des acteurs « Screen Actors Guild » et, à ce poste, il s'illustra par un activisme inlassable pour soutenir le maccarthisme et les enquêtes contre la subversion communiste d'Hollywood.

A cette époque, Reagan totalement investi dans sa croisade, vivait dans la hantise de l'attaque des communistes et on rapporte qu'il était toujours porteur d'un revolver.

A partir de 1950, il anime des émissions télévisées pour le compte de « General Electric » mais curieusement en 1958 le trust met fin au contrat sur le motif que les positions publiques « ultra » du présentateur sont préjudiciables à la compagnie multinationale.

Les élections présidentielles de 1964 voient apparaître la candidature d'un sénateur conservateur d'Arizona : Barry Goldwater un multimilliardaire lié aux forces les plus réactionnaires et fascisantes des États-Unis ainsi qu'à la mafia [1]. Le discours télévisé musclé de Reagan le 27 octobre 1964 ne

1. *Le Monde*, 16 mars 1977.

permet pas à Goldwater de l'emporter mais la décision est prise de présenter Reagan en Californie.

Le « Kitchen Cabinet » s'est constitué à partir de cette date pour promouvoir la carrière de Reagan, ce groupe de travail va des conservateurs à l'extrême droite, recouvrant de larges secteurs du monde des affaires : Holmes Totle qui a convaincu Goldwater de piloter Reagan, dirige Holmes Totle Ford à Los Angeles, Henri Salvatori compagnies pétrolières, Alfred S. Bloomingdale P.D.G. du Diner's Club, W. French Smith : avocat, lié à la mafia, Justin Dart : du trust pharmaceutique Dart Deug Entreprise, E.M. Jorgenson (acier) J. Wrather (pétrole et télévision) W.A. Wilson (grand propriétaire terrien) et enfin Joseph Coors directeur des brasseries Coors Beer dans le Colorado connu pour financer la droite et l'extrême droite [1].

Le groupe reçoit l'appui de « Hoover Institute » fondation financée par l'extrême droite du monde des affaires et il s'appuie sur deux autres centres d'influence qui agiront sur l'opinion américaine le Centre d'Étude Stratégique et International (C.S.I.S.) de l'université de Georgetown et la « fondation Héritage » à Washington considéré comme le centre de renaissance de la pensée de l'extrême droite.

Le C.S.I.S. est la structure la plus favorable à l'action du « Kitchen Cabinet » sur l'opinion américaine, les étudiants de l'université de Georgetown

1. *Washington Post,* 23 novembre 1980.

n'ont jamais pu découvrir la nature des activités de cet étrange centre universitaire. Néanmoins les budgets sont considérables, alimentés d'abord par les milieux d'affaires, le C.S.I.S. bénéficie très vite des largesses de la C.I.A. : Ronald Reagan et Alexandre Soljenitsyne figurent comme « chercheurs honoraires ».

Les hommes de Goldwater et de Reagan savent que des universitaires, des journalistes, des magistrats, éprouvent de la gêne à obtenir directement des rémunérations pour l'aide apportée à la C.I.A. Le cadre universitaire de Georgetown les libère et donne une couverture de « chercheur » à ceux qui désormais auront les mains libres et les poches pleines pour soutenir l'œuvre de redéploiement de la droite américaine.

Les hommes issus de la C.I.A., de concert avec ceux du C.S.I.S. de la fondation Héritage et de la Fondation Hoover, définissent en commun les grandes orientations de la Maison-Blanche. C'est ainsi qu'au conseil de Sécurité nationale se retrouvent William Casey directeur de la C.I.A., Richard Allen de Hoover et du C.S.I.S. et Chester Crocker du C.S.I.S.

Le rôle occulte du « Kitchen Cabinet » se retrouve dans la liaison de Reagan avec les dirigeants de la mafia, le sénateur Paul Laxalt et Franck Sinatra. Pour apaiser les craintes de son ami Franck Sinatra qui est l'objet de poursuites dans de nombreux états, Reagan a désigné comme ministre de la Justice l'un des promoteurs de sa carrière politique : William Franch Smith, l'avocat, un familier du clan des Sinatra.

*
* *

En examinant les noms des « universitaires » de Georgetown et des animateurs du Concile Jonathan, on retrouve les mêmes hommes : Ray Cline, Robert Moss, Paul Johnson, George Bush (l'actuel vice-président des U.S.A), Kissinger, Brian Crozier et Norman Podhoretz (directeur de la revue « Commentary » financée par le C.S.I.S.) mais aussi Claire Sterling.

Ainsi la stratégie idéologique du Concile Jonathan n'est pas un phénomène spontané, elle a été minutieusement préparée et si l'Italie a été le terrain choisi pour mettre en pratique les consignes de Jonathan et lancer la filière bulgare, c'est que le C.S.I.S. y bénéficiait déjà d'une expérience tentée lors des élections de 1976.

Le bulletin B.I.I.C. rappelle ce que fut cette expérience :
« Ces préoccupations ont aussi permis au C.S.I.S. de parrainer les conférences sur la menace communiste en Italie, qui s'est tenue trois mois avant les élections italiennes en 1976. On a pu voir à la tribune : William E. Colby, Ray Cline, John Connally, Clare Booth, Luce et Claire Sterling. Colby et Cline ont fait carrière dans la C.I.A. Connally était alors membre du bureau des conseillers sur le renseignement étranger du président. Luce a été l'ambassadeur américain en Italie quand Colby

était chef de station de la C.I.A. à Rome. Claire Sterling, une jeune journaliste indépendante, a long-temps été la correspondante en Italie du journal *Reporter,* une voix clef du libéralisme de la guerre froide, qui a fermé ses portes en 1968.

Tous les membres de la tribune furent d'accord pour entamer une action américaine afin d'empê-cher une victoire communiste en Italie, citant fré-quemment l'exemple chilien comme « un précédent réussi ». Ils discutèrent du parti communiste italien P.C.I., non sur le plan du contexte politique indi-gène mais en tant que menace pour « la sécurité nationale » des Etats-Unis et pour toute l'O.T.A.N.

Autrefois, lorsque les U.S.A. étaient les meneurs incontestés du « monde libre, » Colby dirigeait le plus vaste programme d'action politique de l'his-toire de la C.I.A. Il raconte, dans un récent livre autobiographique, « My life in the C.I.A., » le déroulement des opérations italiennes dans les années 50. Avant ces élections cruciales, la C.I.A. encouragea les Italo-Américains à écrire à leurs parents en Italie afin de leur conseiller de ne pas voter communiste. Selon Colby, l'un des thèmes favoris de la C.I.A. était de prétendre que le P.C.I. recevait un financement de la part des Russes, au travers d'un complexe d'entreprises en relation com-merciale avec le bloc soviétique. La conférence du C.S.I.S. sur l'Italie aboutit à la proposition suivan-te : les 22 millions d'Italo-Américains et les 50 millions d'Américains catholiques devaient s'enga-ger dans cette campagne de lettres afin d'influencer les élections italiennes. Les jours suivants, des pages entières de publicité apparurent dans la majorité des journaux américains appelant les Américains à écrire « à leurs parents et à leurs amis en Italie afin qu'ils votent pour le maintien des libertés les 20-21 juin ». Ces publications étaient parrainées par l'Alliance des citoyens pour la liberté méditerranéenne (C.A.M.F.). Ce comité d'action politique avait été organisé par plusieurs participants de la conférence du C.S.I.S., notamment John Connally. Ce nouveau groupe recherchait l'affrontement avec les communistes dans une guerre de propagande. Le directeur exécutif du C.A.M.F., Bill Gill, prévint les journalistes que toutes les nouvelles d'origine italienne étaient corrompues : « Ne parlez à personne dans les services de presse italiens. Toute la presse a été infiltrée par les communistes ». Il suggéra que Claire Sterling et son « ami » Ray Cline soient des interprètes de confiance de la scène politique italienne. Le lendemain de la conférence du C.S.I.S., le *New Republic* publiait un article de fond, « Les Parrains russes de l'Italie » par Claire Sterling et Michael Ledeen, qui expliquait que le P.C.I. recevait des fonds secrets à travers un complexe d'entreprises d'import-export contrôlées par le parti.

Le *New Republic* était jusqu'à récemment édité par Robert J. Meyers ancien membre de la C.I.A. au Cambodge et en Indonésie. Meyers avait été un assistant de Colby et un ami proche de Ray Cline. Lorsque Cline fit des apparitions publiques afin de promouvoir son livre, Meyers l'accompagna et l'introduisit au public. Meyers témoigna avec Cline, en janvier 1978, pendant l'enquête du Congrès sur la

C.I.A. et les média. Il déclara : « La relation réciproque entre la C.I.A. et la presse a été bénéfique aux deux parties et notamment pour les individus dont la carrière a bénéficié de tels liens... »

Juste avant les élections, « Les Parrains russes de l'Italie » fut publié dans le *Rome Daily American*[1] et la revue *Il Borghese*. Les journalistes récemment arrivés à Rome reçurent de l'ambassade américaine sans l'avoir demandé, des exemplaires gratuits de l'exposé de Sterling/Ledeen.

Le *Rome Daily American* est surtout connu grâce à son généreux bienfaiteur : la C.I.A. Le soutien de la C.I.A. au journal fut originairement demandé par l'ambassadeur Luce dans les années 50. Colby qui était alors en poste comme chef de la station de la C.I.A. à Rome, a adhéré à cet avis sans grand enthousiasme.

Au moment où Graham Martin est devenu ambassadeur en 1969, le contrôle du journal se relâchait; aussi ordonna-t-il une nouvelle distribution de fonds clandestins. Il donna ainsi 800 000 dollars des fonds de la C.I.A. pour soutenir la propagande des néo-fascistes du Mouvement social italien (MSI). *Il Borghese* est un journal de propagande du M.S.I.

Pendant ce temps, à l'ambassade américaine, Bruno Scarfi, de l'Agence américaine d'information

---

1. Le *Rome Daily American* est à cette époque la propriété du banquier Sindona.

des Etats-Unis (U.S.I.A.), distribuait des exemplaires des *Parrains russes de l'Italie,* espérant détourner l'attention du rapport « Pike » du comité sur le renseignement de la Chambre des représentants, qui était alors largement diffusé. « Le Rapport Pike détruit la possibilité d'une coopération des Italiens avec les Etats-Unis dans l'avenir » se lamentait Scarfi. Il expliqua aussi que, de toute façon, les U.S.A. avaient d'autres moyens d'influencer les événements, telle la production rapide de nouveaux documentaires en Italie, envoyés par avion de Monte-Carlo et renvoyés aux Italiens à travers des émissions télévisées : la propagande politique payante n'était pas permise à la télévision italienne. Cependant, la chaîne de télévision de Monte-Carlo était complètement commerciale et les émissions de propagande pouvaient atteindre l'Italie. Les Etats-Unis pouvaient ainsi acheter un temps d'antenne à la télévision monégasque et déterminer la programmation.

Mais la télévision monégasque n'était pas la seule source de diffusion pour la propagande américaine. C'est ce que découvrirent des millions d'Italiens rivés à leur siège lors des élections, le 21 juin 1976. Les bureaux de vote étaient encore ouverts quand deux obscurs Américains apparurent sur la première chaîne italienne afin de les prévenir du danger d'une victoire communiste. Michel Ledeen et Claire Sterling étaient membres de la tribune des commentateurs qui restaient à l'antenne de 16 h à 2 h du matin. La première chaîne est contrôlée par la partie de la Démocratie chrétienne qui reçut en 1948 et 1976, clandestinement, de la C.I.A., la somme de 75 millions de dollars, sans compter les six millions consacrés aux élections de 1976.

Le Concile Jonathan en juillet 1979 a tendu la main à tous les journalistes qui, comme le disait Ray Cline, veulent établir des liens réciproques bénéfiques aux deux parties et plus particulièrement aux carrières des hommes qui se seront résolument engagés dans les combats de la nouvelle droite.

CHAPITRE QUATRIÈME

DE LA « FILIÈRE BULGARE »
A SERGUEI ANTONOV

Dès mai 1981 inspirés par Mrs Kissinger, Moss et Mme Sterling, la « filière bulgare » est suggérée dans l'opinion internationale. Il est évident que si les services idéologiques américains ont voulu attendre septembre 1982 [1] pour relancer la thèse de la complicité d'Agca avec les services bulgares et soviétiques, ce fut pour des raisons de préparation : il fallait que des éléments matériels soient fournis à la justice italienne pour accréditer une thèse qui, en juin 1981, est une mission de combat chez ceux qui cherchent à réarmer en permanence la guerre idéologique contre les pays socialistes. En août 1982, pour l'édition américaine du Reader's Digest et en septembre pour les dizaines d'autres éditions qui touchent 200 millions de lecteurs, les États-Unis lancent les « révélations Sterling ».

Cette fois-ci ce ne sont plus des hypothèses, ce sont des affirmations qui sont présentées comme résultant d'un travail méticuleux d'enquête. Mme Sterling affirme avoir découvert les preuves

1. Date de publication des révélations de Claire Sterling dans Reader's Digest.

d'une relation entre Agca le Turc et les services secrets bulgares et soviétiques.

Son article commence par l'affirmation : « Agca n'est ni un agent des Loups Gris ni un déséquilibré et il n'a pas agi seul. Tout porte à croire, comme je l'ai appris au fil d'une enquête de plusieurs mois, que cet homme a été l'instrument d'un complot international minutieusement ourdi. »

Évoquant un écart de 50 jours entre les dates d'entrée et de sortie d'Agca en Bulgarie, Mme Sterling conclut ainsi : « Avoir pu séjourner comme il l'a fait une cinquantaine de jours dans ce pays suffit à éveiller les soupçons pour la suite. Après l'Union Soviétique, la Bulgarie est L'État policier le plus rigoureux de toute l'Europe et l'un des principaux auxiliaire de l'U.R.S.S. pour tout ce qui touche au terrorisme et à la subversion. »

Pour étayer sa thèse, Mme Sterling ne possède que de maigres éléments, elle a retenu qu'on avait extradé de Suisse vers l'Italie un nommé Bagci qui a fourni l'arme du crime à Agca. Elle dispose d'un document photographique sur lequel elle pense pouvoir reconnaître un autre terroriste en fuite : Omer Ay (ce nommé Ay reçut en même temps que Agca un faux passeport au moment du départ des deux hommes de Turquie). Elle précise que les faux passeports ont été fournis non pas en Turquie, mais à Sofia dans un palace japonais, l'hôtel Vitosha, que les rendez-vous d'Agca avec ses commanditaires se seraient produits dans cet hôtel : chambre 911, et elle affirme que le nommé Marsan qui a été en relations avec Agca à l'hôtel Vitoscha est lié à la mafia turque, laquelle est en réalité un des bras des services secrets de la Bulgarie : cette Bulgarie qui s'emploie depuis toujours à déstabiliser la Turquie en encourageant les terrorismes de droite et de gauche. »

* *

Madame Sterling invente au passage que Agca n'a pas assassiné le journaliste turc Ipekci, alors qu'il est condamné à mort pour ce crime en Turquie, qu'il se serait dénoncé dans le but de satisfaire des machinations qui auraient pu lui être suggérées par les forces de gauche pour discréditer la droite. Plus audacieusement elle met en cause le ministre de l'Intérieur : Gunes qui aurait réussi à convaincre Agca de se dénoncer dans le meurtre d'Ipekci. Mme Sterling souligne que le ministre de l'Intérieur est suspect de sympathie envers la gauche, que sa situation est particulièrement grave au regard des nouveaux militaires qui ont pris le pouvoir, puisque deux de ses fils ont été arrêtés comme militants d'organisations progressistes.

Les conclusions de Mme Sterling sont péremptoires : « Bien que Jean-Paul II n'ait rien d'un antisoviétique enragé, il est incontestablement le père spirituel de " Solidarité ", le syndicat polonais qui, sans sa bénédiction, n'aurait jamais vu le jour.

Or ce mouvement représente une menace intolérable pour les fondements même de l'Empire soviétique. »

LA FILIÈRE

Si Mme Sterling s'interroge quelquefois, son indécision ne dure pas, elle fournit immédiatement les réponses.

« Toutefois, si tel était le seul motif des Russes, pourquoi avoir confié cette besogne à un Turc? Ce n'est pas si difficile à comprendre. Ce Turc allait frapper là, sur la place Saint-Pierre, afin de montrer à la chrétienté que la Turquie musulmane, pays radicalement différent et vaguement menaçant, n'a pas sa place dans l'Alliance atlantique. Qu'il fut fasciste de surcroît n'en était que plus efficace.

On a de bonnes raisons de penser que Mehmet Ali Agca a été non seulement utilisé, mais trahi : alors qu'il comptait sur ses deux complices pour créer une diversion lui permettant de prendre la fuite, ce sont eux qui se sont sauvés, et sur ordre. Il fallait qu'Agca, dont l'image d'extrémiste de droite était désormais nettement imposée, fut arrêté. »

Mme Sterling a été choisie pour lancer cette formidable offensive idéologique à travers le monde. Son ami et confrère du *Reader's Digest,* Paul Hentze, n'était pas au tout premier rang dans les premiers jours, ceci sans doute en raison du fait qu'en ce qui le concerne, il n'est pas possible de cacher ses responsabilités au sein de la C.I.A.

Pourtant on retrouve les deux journalistes dans une émission préparée à l'adresse de l'opinion américaine par la chaîne de télévision N.B.C.

L'émission est préparée par Martin Kalb et Bill Mac Laughlin qui prennent soin de préciser qu'ils se sont assurés le concours de Mme Claire Sterling et M. Paul Hentze, lesquels figurent au générique.

Le film est présenté le 21 septembre 1982, il s'intitule : « The man who shot the pape. »

Pour la première fois, on donne les détails sur les 18 000 dollars reçu par Agca avant le meurtre d'Ipekci. Mieux, on rappelle qu'Agca a dépensé à Rome plus de 50 000 dollars, qu'il a voyagé de Rome où il téléphonait à Hanovre, vers Milan, qu'il a ensuite pris un billet pour un séjour de deux semaines à Palma de Majorque, qu'il est revenu le 10 mai prendre une chambre d'hôtel, et le film conclut que les témoignages, les renseignements du Vatican, des U.S.A., et des États occidentaux prouvent que probablement les Bulgares auraient organisé l'attentat selon le projet des services secrets avec lesquels ils sont en collaboration étroite.

Le 22 décembre 1982 à Wahsington, la Commission présidentielle chargée de contrôler l'application des accords d'Helsinski présidée par Mme Fanick reçoit Mme Sterling et lui adresse de chaleureuses félicitations pour avoir démonté le complot international qui avait échappé à l'attention des gouvernements occidentaux.

La « Voix de l'Amérique » rend compte très largement aussi bien de l'article du *Reader's Digest*

que du film de N.B.C., que de l'accueil réservé à Mme Claire Sterling par Mme Fanick.

La campagne est lancée.

Cette campagne amorcée par Mme Claire Sterling est reprise par l'ensemble des journaux occidentaux. On apprend que le juge Ilario Martella a été chargé de l'enquête sur l'attentat perpétré par Agca sur la place Saint-Pierre. La presse rend compte des activités de Monsieur Martella et elle précise que celui-ci a décidé de commencer ses investigations en obtenant communication des éléments recueillis par la presse américaine!

Monsieur Martella prendra la décision de se rendre aux États-Unis où il rencontre, dit-il, les témoins américains et les spécialistes qui sont susceptibles de lui apporter tous les éléments d'information sur les circonstances de l'attentat.

Le juge travaille avec les experts du ministère de la Justice des U.S.A., et on lui remet alors un document photographique qui doit établir avec certitude la participation active d'un Bulgare à l'attentat du 13 mai 1981.

Le 25 novembre 1982, la police italienne arrête à Rome le sous-directeur de la compagnie aérienne bulgare Balkan-Air : Monsieur Serguei Ivanov Antonov. Il est 10 heures du matin.

LA FILIÈRE

Antonov est accusé de complicité dans l'attentat contre le pape, perpétré le 13 mai 1981 par le terroriste turc Mehmet Ali Agca.

Martella qui a décidé de l'arrestation, dispose du document photographique remis par l'autorité américaine et qui est immédiatement communiqué à toutes les agences de presse, pour être repris dans les journaux du monde entier.

Le document photographique est pris par un amateur qui se trouve à l'avant gauche du véhicule, tout près du chauffeur de la jeep qui transporte le pape. On voit sur cette photo l'hémicycle à gauche en regardant la cathédrale Saint-Pierre et, tout à fait sur la partie gauche du cliché, le visage d'un homme mince portant moustache et lunettes épaisses; l'homme tend le visage pour regarder le pape qui vient de s'effondrer dans les bras d'un de ses secrétaires. La presse publie immédiatement la photo de Serguei Antonov qui porte également moustache et lunettes épaisses; la ressemblance est frappante; la grande presse internationale, *Paris-Match* en France, présente ce document comme la preuve formelle de la présence des Bulgares au côté d'Ali Agca.

La campagne volontariste est reprise par le *Figaro-Magazine* puis, avec moins de bonheur, par l'hebdomadaire *V.S.D.* qui se trompe de suspect et par le quotidien *Libération* qui en découvre un autre sans ressemblance avec le premier... ni avec Antonov...

Martella dispose de ce document, il interroge Antonov sur sa présence place Saint-Pierre, mais brutalement le document s'effondre, l'homme qui se trouve place Saint-Pierre est un touriste américain. Il se reconnaît sur les photos et il écrit immédiatement au juge Martella pour dire que l'homme encadré dans la photo n'est pas Serguei Antonov.

Paris-Match qui avait, avec grand tapage et titres énormes publié le document, fait un rectificatif minuscule qui passe inaperçu. La télévision française et les services d'information n'ont pas encore jusqu'à ce jour rectifié la présentation du document. Ils n'ont jamais cru nécessaire de préciser que la photo remise au juge Martella avait abusivement confondu Serguei Antonov le Bulgare, avec un pèlerin américain.

* *
*

Serguei Antonov est un employé de Balkan Air affecté en 1977 comme sous-directeur à Rome au siège de l'agence. Lorsqu'il a pris son poste, il a trente ans; sa femme qui est une scientifique en congé de travail, a quelques années de moins et ils ont un enfant : une fillette qui a alors huit ans. L'adaptation à Rome se fait difficilement; des problèmes se posent notamment en raison de l'impossibilité de Rossitza, l'épouse d'Antonov, de trouver une activité professionnelle. Au surplus la fillette s'adapte mal et, très vite Rossitza Antonova décide de vivre avec sa fille à Sofia, tandis que son mari Serguei demeure à Rome.

Le siège de l'agence Balkan se trouve rue Ségovia, dans les quartiers résidentiels de Rome, à l'extérieur de la vieille ville; le bureau est un local modeste de quelques pièces. A gauche en entrant, se trouve un petit bureau où siège le directeur; sur la droite avec une fenêtre donnant sur la rue on trouve un bureau un peu plus vaste. C'est dans ce bureau que travaille Serguei Antonov ainsi que deux autres membres du personnel notamment une femme, Mme Biaggioni, mariée à un Italien mais d'origine bulgare.

La vie de Rossitza et Serguei Antonov est une vie difficile. Serguei est un garçon calme, timide, méditatif, qui se partage entre le bureau et le petit appartement qui a été loué dans la rue voisine, à une centaine de mètres, au troisième étage d'un immeuble.

Il s'agit d'un studio meublé. L'immeuble a des allures résidentielles, mais l'ameublement est sommaire. C'est là que Serguei Antonov se réfugie; il lit beaucoup. Régulièrement, il reçoit sa femme Rossitza qui a repris un travail à Sofia et qui revient avec sa fille pour passer les vacances scolaires.

Ceux qui connaissent ce grand garçon, toujours timide, toujours effacé, soulignent la différence de tempérament avec Rossitza plus active, plus portée à la convivialité. Il est vrai que Serguei Antonov n'a pas le profil du Romain, qu'il n'est pas, comme certains Bulgares, très intégré à la vie romaine. Il est resté l'homme solitaire, et la ville lui fait peur; il dispose d'un petit véhicule : une Lada, et son entourage ne manque pas de plaisanter sur la raideur avec laquelle il pilote ce petit véhicule dans

Rome. Droit, bloqué sur le volant, l'œil fixe, Serguei Antonov supporte mal les habitudes de circulation dans la ville et il n'aime pas rouler, notamment dans la vieille cité. Il n'a d'ailleurs pas demandé à bénéficier du laissez-passer qui permet d'y circuler. En effet tous les touristes qui passent par la vieille ville sont frappés par le fait que celle-ci est interdite en principe à la circulation, sauf à bénéficier d'un laissez-passer. L'observateur constate d'ailleurs que, hors le principe, les laissez-passer sont distribués avec une large facilité, car la vieille ville est constamment encombrée d'une circulation intense. Il n'en reste pas moins vrai que celui qui n'a pas bénéficié de ce document officiel ne peut, sans attirer l'attention des services de police, circuler à l'intérieur de la vieille Rome. Au début de l'année 1981, Rossitza Antonov a pris un congé; elle est venue rejoindre son mari à Rome, et il est prévu que son retour à Sofia se fera le 15 mai 1981, par l'avion régulier de la compagnie Balkan. La réservation est faite; les services de police de l'aéroport tout comme les services douaniers, disposent de la liste des passagers qui, le 15 mai, doivent prendre l'avion pour Sofia; parmi eux, bien entendu, Rossitza Antonov.

Rossitza Antonov qui a de nombreux amis à Rome parmi les personnels bulgares, changera d'avis sur l'itinéraire et sur le moyen de transport qu'elle adoptera pour regagner la Bulgarie. Serguei est si discret que même les employés de la compagnie Balkan ne connaîtront rien des conditions dans lesquelles Rossitza Antonov a décider de modifier son retour.

LA FILIÈRE

Serguei Antonov a assez peu de relations avec ses amis, aussi bien de Balkan que de l'ambassade, et il n'a pas éprouvé le besoin de s'abonner au téléphone. Il n'y a jamais eu chez Antonov, ni un numéro de téléphone publique, ni un numéro de téléphone secret, qui aurait fait l'objet d'une communication au ministre de l'Intérieur ainsi que certains journalistes ont pu le prétendre. Lorsque Serguei Antonov veut entrer en communication téléphonique, il le fait depuis l'agence Balkan qui n'est, il est vrai, qu'à une centaine de mètres de chez lui. En 1981, Serguei Antonov prépare son retour en Bulgarie; la séparation avec son épouse pose des problèmes et il lui faut renoncer à la vie italienne. Le retour ne se prépare pas dans la précipitation, bien au contraire, aucune date n'est encore apparement prévue. Lorsque survient l'attentat contre le pape, il est, bien entendu, présent à Rome et il n'imagine pas qu'il pourra être mêlé à cette affaire. De mai 1981 à novembre 1982, date de son arrestation, sa vie n'aura pas été changée; il n'aura même pas pris garde à la campagne qui est orchestrée sur le plan international et qui fait allusion à une participation des pays de l'Est et des Bulgares.

Serguei Antonov est encore à Rome lorsque Claire Sterling publie les révélations fracassantes sur la « filière bulgare », lorsque la presse italienne reprend les révélations en affirmant qu'il s'agit de certitudes. Il est toujours présent à Rome lorsque le juge Martella traverse l'Atlantique pour préparer son dossier; il est à Rome, et il assiste à la perquisition décidée par Martella dans les bureaux de Balkan. Bien entendu la police italienne ne peut manquer de le trouver chez lui, entre son studio meublé et le bureau de Balkan lorsqu'une décision brutale, en novembre 1982, est prise de procéder à son arrestation comme complice d'Agca voire même comme le cerveau de l'attentat.

*
* *

Serguei Antonov vivait une vie modeste; il est tout imprégné de cette société bulgare chaleureuse, saine, au sein de laquelle on ne prend pas l'habitude de se méfier et de se défendre. Il est plein de candeur et de naïveté, disent ses collègues. Pour lui, dès le premier jour, dès le premier contact, cette arrestation est une méprise. Il est confiant. Il est convaincu que la société italienne et sa police auront vite fait de comprendre qu'il n'est pour rien dans cette immense affaire. Serguei Antonov n'est pas un homme politique au sens où l'était Dimitrov. C'est un citoyen qui n'est porteur ni d'une mission ni d'ambition, et qui aspire à revenir très vite au cadre modeste, méditatif et culturel dans lesquels il s'est jusqu'alors confiné. De toute évidence, Serguei Antonov n'était pas préparé pour agir au service d'une quelconque organisation dans le cadre d'un complot international. La confrontation entre Antonov et Agca révèlera très vite qu'en aucun cas Agca n'aurait pu être le subordonné d'un homme aussi manifestement à l'écart des engagements sociaux et politiques. Serguei Antonov parle l'italien, c'est la raison de son affectation à Rome, mais il le parle d'une façon scolaire, difficilement, il ne parle pas le turc, il connaît quelques mots d'anglais : vocabulaire indispensable pour les relations dans les aéroports, mais il ne dispose pas de cette langue au point de s'en servir pour communiquer. Avec Antonov, il n'y aura pas cette volonté de provoquer l'éveil des consciences il n'y aura pas d'actions offensives capables de gêner puis de renverser les manœuvres judiciaires, il ne pourra pas être l'exceptionnel Dimitrov qui reste en mémoire de tous les Bulgares après le procès de Leipzig. Il y aura renversement des rôles puisque Agca l'incendiaire, mène la procédure, et Antonov s'en tiendra à protester de son innocence.

Avec Antonov on ne peut craindre ou espérer une confrontation à dimension universelle; Antonov l'homme simple, l'homme modeste, est surtout un être fragile et ce qu'il faut craindre c'est sa vulnérabilité.

J'ai rencontré Me Dospeski, avocat Bulgare, président de l'association des juristes internationaux qui, depuis le premier jour, à été autorisé à assister Antonov en collaboration avec les deux avocats italiens Mes Consollo et Larussa.

Me Dospeski parle d'Antonov comme d'un être sensible mais qui présente une naïveté déconcertante. Antonov n'a pas conscience de la dimension politique de cette affaire et du niveau des enjeux dans l'affrontement idéologique entre l'Est et l'Ouest. Il ne se passe pas de jour sans qu'il n'espère, sans qu'il attende la décision qui le délivre de son cauchemar. Chaque initiative nouvelle du juge Martella, ou du procureur du tribunal est pour lui une nouvelle occasion d'espérer et chaque fois, bien entendu, la déception est si forte que tout son être est frappé, qu'il en arrive à s'interroger lui-même sur sa propre conscience. N'arrivant pas à saisir la réalité, il a interrogé ses défenseurs pour savoir s'il n'était pas, en dehors de la machination policière, l'objet de quelques expériences; il a demandé qu'on s'assure qu'on ne cherche pas à le droguer pour le faire finalement jouer un rôle conforme au scénario inventé.

Me Dospeski m'a indiqué sa conviction que les services italiens ne vont pas prendre le risque de droguer Antonov, mais lui-même craint beaucoup pour la santé du Bulgare. [1]

1. C'est très affaibli, à peine conscient, porté sur une civière, qu'il a quitté la prison en juin 1984 pour rejoindre l'appartement où il est assigné à résidence.

CHAPITRE CINQUIÈME

QUI ATTISE LES BRAISES DE LA FILIÈRE BULGARE?

La mise en place de la « filière bulgare » ne fut que la première étape. Il fallait personnaliser. La deuxième étape, c'est l'affaire Antonov. Lorsque Martella jette son dévolu sur le sous-directeur de l'agence Balkan, il se livre à une bien curieuse approche. Au lieu de travailler dans le secret et de recueillir des éléments de preuve sans éveiller de soupçons, il gesticule de telle façon que la présence à Rome du Bulgare Antonov tient du miracle.

Si Martella est convaincu de la culpabilité d'Antonov, il faut se demander s'il n'est pas lui-même manipulé par des services secrets bulgares. Comment expliquer en effet que Martella ordonne une perquisition à l'agence Balkan et dans le bureau d'Antonov, plusieurs jours avant de décider de l'arrestation du Bulgare. Mettre ainsi en alerte un suspect, c'est l'inciter à fuir.

Tout laisse à penser que Martella souhaitait une « filière bulgare » sans Bulgare, et une affaire « Antonov » sans Antonov.

LA FILIÈRE

Boyan Traikov qui se livre, au nom de la Bulgarie, à la défense opiniâtre du dossier d'Antonov apportera d'autres précisions qui montrent que le juge de Rome a pris toutes les dispositions pour qu'aucun des Bulgares impliqués ne soit physiquement présent dans l'information ouverte contre la Bulgarie.

Pour faire croire à la culpabilité des trois Bulgares inculpés, l'orchestre blanc et Mme Sterling affirment que Jelio Vassilev et Todor Aivazov ont démissionné précipitamment pour s'enfuir en Bulgarie. Boyan Traikov répond [1].

– « Certains journalistes occidentaux continuent d'affirmer que Todor Aivazov et Jelio Vassilev auraient prématurément démissionné de leurs postes et quitté l'Italie. Il est pourtant notoire, et les organes italiens sont le mieux placés pour le savoir, que Aivazov et Vassilev ne sont pas rentrés « d'urgence » en Bulgarie.

Dans sa déclaration, faite le 16 décembre 1982, Jelio Vassilev a indiqué : « J'étais secrétaire de l'attaché militaire bulgare à Rome, entre le 26 novembre 1979 et le 27 août 1982; c'est une période de durée normale de mandat. Mon remplaçant à ce poste a attendu son visa d'entrée en Italie deux mois entiers, depuis le début juin jusqu'à la fin juillet 1982, avant de le recevoir. Il est arrivé à Rome au début août et pendant les 20 jours qui ont suivi, je l'ai mis au courant de ses obligations professionnelles. J'ai quitté l'Italie le 27 août 1982. »

1. Le complot des néo-croisés, p. 20 Boyan Traïkov. Sofia-Presse BTA.

LA FILIÈRE

La réponse de Jelio Vassilev est nette et claire, c'est une réponse militaire.

Le cas de Todor Aivazov est plus particulier. Responsable du service financier de l'ambassade bulgare à Rome, il arrive à Sofia le 5 novembre 1982 pour faire le rapport traditionnel de ses comptes et coordonner le budget de l'année suivante. Une fois son travail accompli, on lui remet son billet d'avion; il fait la réservation de sa place et se prépare à partir pour Rome le 26 novembre 1982. Mais au matin du 26 novembre, l'ambassade bulgare à Rome est officiellement informée par les autorités italiennes qu'un mandat d'arrêt a été lancé contre Aivazov. Elle en fait la communication à Sofia. Ainsi Todor Aivazov, qui était déjà à l'aéroport, apprend la nouvelle et décide de rester à Sofia.

Ce qu'il y a de particulier, voire d'étonnant, c'est que les autorités italiennes étaient au courant du séjour provisoire d'Aivazov à Sofia. L'ambassade d'Italie lui avait délivré son visa, donc son intention de partir pour Rome était officiellement connue. Il avait fait une réservation, ce qui peut être vérifié. La magistrature de Rome savait ou pouvait savoir que le 26 novembre 1982 Aivazov débarquerait à Rome. Alors pourquoi, quelques heures seulement avant son retour à Rome, l'intention de l'arrêter a-t-elle été tapageusement annoncée? Était-ce pour que Aivazov ne revienne pas à Rome? Ou bien cette manœuvre était une erreur de la police, ou bien, cela est beaucoup plus probable, l'inculpation par contumace d'Aivazov et de Vassilev avait été prévue dans le scénario.

LA FILIÈRE

Si Antonov avait été coupable, il est bien évident que la « maladroite » perquisition du juge Martella ajoutée à la campagne de presse sur la « filière bulgare » l'auraient convaincu de « changer d'air » avant d'être inculpé.

*
* *

Mise en place dans ces conditions bien surprenantes, la « filière bulgare », conçue par l'orchestre blanc des médias et mise en œuvre par le juge Martella reçoit le renfort des « politiques » qui ont participé au concile du Jonathan Institute :

Henry Kissinger

Le 31 décembre 1982, l'agence Reuter rend compte de l'interview de l'ancien secrétaire d'État américain, Henry Kissinger, diffusée par la compagnie de T.V. américaine « Cable News Network ». Kissinger y déclare qu'il possède des preuves « assez convaincantes » selon lesquelles le dirigeant soviétique Youri Andropov serait mêlé à l'attentat contre le pape. Kissinger a précisé : « Si l'on essaie de juxtaposer les faits déjà connus, on ne peut qu'arriver à cette conclusion. Je pense que ces faits prouvent d'une manière assez convaincante que, selon toute probabilité, les Bulgares, donc les Soviets, donc Andropov, sont mêlés à cette affaire. » L'ancien secrétaire d'État américain a déclaré qu'à l'époque de l'attentat, les Russes préparaient un plan d'intervention militaire en Pologne pour y écraser le mouvement syndical « Solidarité ». Dans cette éventualité, un pape polonais, capable de faire ce qu'il menaçait de faire, notamment d'aller en Pologne et s'opposer à eux, cela aurait créé un problème insurmontable pour Moscou. Six semaines après l'attentat contre le pape, le directeur de la C.I.A. Richard Helms aurait informé Kissinger que « tout témoigne d'une opération du K.G.B. » « Nous n'en saurons jamais plus que ce que nous savons maintenant sur l'éventuelle participation des Soviétiques », a déclaré Kissinger en ajoutant que « les État-Unis ne doivent pas avoir peur de dire ce qu'ils pensent au sujet de l'attentat contre le pape ». « Pendant notre siècle nucléaire l'éventualité de la participation soviétique à la tentative pour assassiner le pape ne doit pas changer les relations des États-Unis avec Moscou », dit encore Kissinger.

Le journal autrichien *Volkstimme* écrit dans son numéro 1 du 1ᵉʳ janvier 1983 que Henry Kissinger a déclaré à l'ancien directeur de la C.I.A., Richard Helms, que l'attentat contre le pape portait « sans équivoque » la signature du K.G.B.

Le 2 janvier 1983, le journal anglais *Sunday Telegraph* publie les déclarations de Kissinger, faites à Washington, affirmant que la sûreté d'État soviétique est derrière l'attentat contre le pape.

Dans un commentaire sur l'interview de Henry Kissinger devant la « Cable News Network », Radio « Deutsche Welle » (le 4 janvier 1983) affirme que, selon Kissinger, il y a des raisons suffisantes pour conclure que le dirigeant soviétique Youri Andropov est impliqué dans la tentative pour tuer le pape. Kissinger a notamment déclaré : « J'estime que les indices permettent de conclure que probablement les Bulgares, donc les Soviets, donc Youri Andro-

pov, sont mêlés à l'affaire. Si l'on essaie de juxtaposer les faits déjà connus, on ne peut qu'arriver à
cette conclusion. » Henry Kissinger a indiqué qu'« à
l'époque de l'attentat contre le pape, les Soviets
envisageaient la possibilité d'effectuer une intervention armée en Pologne pour y étouffer le syndicat
libre « Solidarité », en ajoutant : « En cas d'une
intervention soviétique de ce genre, si le pape
polonais était en mesure de réaliser ses déclarations
dans les faits, en retournant dans sa patrie pour
s'opposer aux soldats soviétiques, cela aurait créé
d'énormes problèmes psychologiques pour Moscou. »

Selon l'agence United Press International (le
5 janvier 1983) Henry Kissinger avait déclaré que
l'ancien directeur de la C.I.A. Richard Helms, lui
aurait dit que l'attentat contre le pape se caractérise
par tous les signes typiques d'une opération de la
sûreté d'État soviétique. Kissinger a déclaré qu'il
partageait cette opinion de Helms et a ajouté : « Si
vous essayez de mettre en ordre les faits connus,
ceux-ci ne vous mèneront certainement pas à une
autre conclusion. Le complot doit être préparé par
l'Union soviétique. Les Bulgares n'ont pas de raisons pour envisager un attentat contre le pape. »

Le 6 avril 1983 l'agence Associated Press rapporte une interview de Henry Kissinger diffusée par
la radio-télévision R.A.I. Kissinger y déclare qu'il
partage l'opinion selon laquelle l'attentat contre le
pape Jean-Paul II est un complot bulgare approuvé
par l'Union soviétique. « Je ne sais rien de plus que
ce que les journaux écrivent. Je suis enclin à croire

que les circonstances prouvent qu'il est probable, selon moi, qu'il y ait un complot bulgare, approuvé par les Soviétiques, mais, je le répète, je ne sais que ce que je lis dans les journaux. »

Zbigniew Brzezinski
L'ancien conseiller du président Carter pour les questions de la sécurité nationale, Zbigniew Brzezinski, accorde une interview parue dans le quotidien italien *La Stampa* (le 2 janvier 1983). Brzezinski exprime sa conviction que les services secrets soviétiques sont impliqués dans l'attentat contre le pape Jean-Paul II; il déclare :
– « Il devient clair que le K.G.B. est impliqué dans la tentative du plus grand meurtre politique du siècle; l'enquête ouverte par les autorités italiennes, a établi sans aucun doute, la participation de la Bulgarie à l'attentat. Ceux qui connaissent la réalité dans les pays de l'Est européen peuvent faire la conclusion que c'est l'Union soviétique qui dirigeait l'opération, c'est-à-dire le K.G.B., dirigé pendant quinze ans par Youri Andropov. »

Radio « Europe libre » (le 3 janvier 1983) commente l'interview de Brzezinski dans *La Stampa* :
– « Ceux qui connaissent la réalité en Europe de l'Est arrivent à la conclusion que c'est l'Union soviétique qui dirigeait l'opération pour crucifier la Pologne. »

Le 6 janvier 1983 l'A.F.P. écrit :
– « Bien que l'administration Reagan fasse preuve de prudence, bien des représentants américains ayant gardé leur accès aux renseignements

103

secrets, ne craignent pas d'accuser l'Union soviétique. L'un d'eux, l'ancien conseiller du président Carter, Zbigniew Brzezinski, affirme : « La logique dans cette affaire est incontestable... la police secrète soviétique y est impliquée. »

L'agence Reuter (le 15 janvier 1983) cite la déclaration faite par Brzezinski devant le journal italien *La Stampa* dans laquelle il déclare :
– « Il n'y a aucun doute que l'enquête, menée par les autorités italiennes, a établi la complicité de la Bulgarie dans l'attentat contre le pape. »

Le journal *United States of America Today* (le 17 janvier 1983) cite une déclaration de Zbigniew Brzezinski, ancien conseiller du président pour les questions de la sécurité nationale. « L'enquête, menée par les autorités italiennes, a établi la complicité de la Bulgarie dans l'attentat contre le pape. Les gens qui connaissent l'Europe de l'Est arrivent automatiquement à la conclusion que ce sont les Soviets qui tenaient en main les fils de l'affaire. »

Radio « Deutsche Welle » cite Brzezinski qui aurait déclaré : – « nous pouvons conclure automatiquement que les Soviets dirigeaient l'affaire ».

Radio « Europe Libre » (le 27 janvier 1983) s'arrête sur la position d'anciens membres de l'administration américaine face à la « piste bulgare ». Elle cite Kissinger et Brzezinski qui avaient déclaré qu'ils étaient convaincus que la Bulgarie et l'Union soviétique sont impliquées dans la conspiration visant à tuer le pape.

LA FILIÈRE

L'agence Reuter (le 24 mars 1983) rapporte une interview diffusée par la T.V. des États-Unis. Le Dr. Brzezinski aurait déclaré :

– « J'estime que si de nouvelles preuves sont fournies sur le lien de la Bulgarie avec l'attentat contre le pape, et de telles preuves commencent en réalité à s'entasser, nous devons exclure entièrement la Bulgarie de la communauté. L'entretien de relations diplomatiques normales avec la Bulgarie sera impossible. »

La revue *Novoe Vremia* (numéro 42 de 1983) publie un article de L. Markevitch qui a pour titre « Le Boomerang ». L'auteur y cite les déclarations de Brzezinski :

– « Toute preuve de lien de la Bulgarie avec l'attentat contre le pape de Rome aurait des conséquences *sérieuses sur la possibilité d'un entretien entre le président Ronald Reagan et le dirigeant soviétique Youri Andropov.* »

Malcolm Toon – ancien ambassadeur des États-Unis à Moscou.

Le journal américain *Washington Post* (le 19 janvier 1983) publie un article de l'ancien ambassadeur des États-Unis à Moscou. Il y offre une recette sur les sanctions que l'Occident pourrait envisager s'il réussit à prouver la participation des pays socialistes à l'attentat contre le pape. Il écrit notamment :

– « Il n'y a aucun doute que si les services secrets bulgares sont impliqués, c'est le K.G.B. qui est aussi mêlé, car les Bulgares ne s'engageront jamais de leur propre initiative dans une tâche aussi insensée, délicate et extrêmement explosive, comme il n'y a pas de doute que si le K.G.B. est impliqué, son chef de l'époque, Youri Andropov, était au courant et avait donné son consentement personnel à la réalisation de l'attentat.

A l'étape actuelle, il serait inopportun de désigner avec certitude les coupables de l'attentat contre Jean-Paul II. Mais on est en présence d'une éventualité et, pour cette raison, il n'est pas inopportun de penser à la ligne que nous allons suivre si nos amis italiens confirment cette certitude de la filière bulgare. En disant « suivre » j'ai en vue non seulement la position officielle de Washington mais aussi la réaction collective de la famille de l'O.T.A.N. »

Les néo-croisés de Jérusalem ne sont pas suivis avec le même enthousiasme par les représentants du gouvernement U.S.; Bush, vice-président des États-Unis, et Reagan font preuve d'une plus grande prudence, encore que l'objectif soit rappelé avec détermination. Ce sont les incertitudes du dossier qui contraignent les deux hommes politiques à plus de modération.

– « Le 11 janvier 1983, l'agence United Press International annonce que les services italiens ont l'intention de présenter au vice-président des États-Unis, Georges Bush, un rapport sur les progrès de l'enquête sur l'attentat contre le pape Jean-Paul II. Ce rapport était préparé sur demande du secrétaire d'État américain Georges Shultz et serait remis à

Georges Bush, lors de sa visite en Italie, en février 1983. Un porte-parole de l'ambassade des États-Unis à Rome a déclaré que l'ambassade n'était pas au courant de la présentation d'un rapport et il a ajouté que Bush et les fonctionnaires d'État italiens examineraient probablement l'enquête en cours et que leurs discussions seraient secrètes.

Le 27 février 1983, l'agence France Presse rend compte d'une conférence de presse du vice-président Georges Bush au cours de laquelle il a déclaré que le gouvernement américain ne disposait pas de conclusions personnelles sur l'attentat contre le pape et qu'il comptait entièrement sur la justice italienne.

Dans une émission de la Radio « Deutsche Welle » du 31 janvier 1983, on affirme que le vice-président Georges Bush a déclaré que c'est avec un sentiment de confiance que le gouvernement américain comptait sur les jugements et les capacités du juge d'instruction Ilario Martella. »

Le 19 décembre 1982, l'agence Associated Press annonce que le président Reagan a déclaré dans une interview diffusée par la radio le 18 décembre 1982, qu'il ne pouvait pas répondre si la police secrète bulgare était impliquée dans l'attentat contre le pape. Le président a déclaré également que cette question faisait déjà l'objet d'une enquête ouverte par les autorités italiennes et qu'elle paraissait « trop délicate » pour être commentée par un chef d'État.

Commentant la dite interview, le 20 décembre 1982, Radio « Europe Libre » annonce que Reagan a déclaré :
– « Je ne crois pas qu'il me faut me prononcer sur cette affaire. J'attends ce que vont montrer les investigations. »

Selon l'agence France Presse (le 6 janvier 1983) dans son interview du 18 décembre le président a déclaré :
– « Une enquête est en cours. Je vois certains inconvénients à ce qu'un dirigeant d'État exprime quelque opinion dans un sens ou dans un autre. Je vais attendre les résultats de l'enquête. »

Le 6 janvier 1983 l'agence Reuter s'arrête sur la conférence de presse de Reagan du 5 janvier 1983. Le président y déclare qu'il a pleine confiance en l'enquête italienne ouverte en vue de vérifier les hypothèses selon lesquelles il est possible que la Bulgarie et l'Union soviétique soient impliquées dans l'attentat contre le pape. Il signale que la mise à jour d'indices sur la participation des Bulgares et des Soviétiques aura des conséquences défavorables sur les relations des États-Unis avec ces deux pays, et ajoute qu'il ne trouve pas convenable d'aller plus loin dans ses commentaires avant que l'enquête ne soit terminée.

Le 19 février 1983, l'agence France Presse rapporte que dans un discours prononcé devant la conférence d'activité politique conservatrice, le président américain aurait qualifié l'attentat contre le pape Jean-Paul II d'un « crime international qui doit faire l'objet de l'enquête la plus approfondie ». Reagan aurait ajouté : « L'agression contre son excellence le pape Jean-Paul II est un acte inqualifiable, une atteinte à l'encontre de l'homme et à l'encontre de Dieu. » Le président aurait salué l'audace du gouvernement italien de poser ce problème à l'attention du monde.

Le 7 février, l'agence A.N.S.A. d'Italie diffuse un démenti du Premier ministre italien au sujet de certaines communications sur le contenu du message personnel du président américain Reagan, remise à Amintore Fanfani par le vice-président Bush. Le porte-parole du Premier ministre aurait qualifié de « complètement dénué de raisons » la communication de la compagnie de T.V. américaine N.B.C., le 6 février 1983, selon laquelle dans son message personnel au Premier ministre Fanfani, le président Reagan aurait appelé les autorités italiennes « à poursuivre l'enquête sur l'éventuelle participation des services secrets bulgares à l'attentat contre le pape, même si cette enquête aboutissait à des révélations confirmant qu'Andropov lui-même est impliqué ». Le porte-parole du Premier ministre aurait précisé que dans le message de Reagan il n'était point question de l'attentat contre le pape.

En même temps que se prépare chez les magistrats italiens le dossier Antonov, la filière bulgare trouve en France en avril 1984 de bien curieux prolongements avec l'affaire Luigi Cavallo.

LA FILIÈRE

Luigi Cavallo est un robuste personnage italien né en 1920, il est pendant la guerre dans les rangs des partisans et en 1945 il commence à l'*Unita* une carrière de journaliste.

Il est en rupture brutale avec les communistes à partir de 1949 et son itinéraire devient troublant; on le retrouve dans les officines italiennes « Paix et Liberté » de Jean-Paul David, puis à la Fiat où il dirige des commandos manipulés par la direction.

A partir de l'année 1973 c'est une nouvelle rupture avec l'engagement politique direct et Luigi Cavallo, toujours journaliste imprime et diffuse un bulletin d'information politique et financière dénommé *Agenzia A*. Luigi Cavallo connaît parfaitement les maux terribles qui gangrènent l'appareil d'État italien. Il sait que l'ordre établi au sens des démocraties européennes est faussé par une étrange distribution des pouvoirs, la mafia sicilienne n'est pas seule, il existe d'autres pouvoirs de même nature qui détournent l'argent public et les dépôts des épargnants pour corrompre et spéculer.

Luigi Cavallo est à l'origine de la dénonciation des grands scandales politico-financiers qui impliquent des complicités à tous les niveaux : ministres, parlementaires, militaires, banquiers, magistrats. Il publie successivement des dossiers fracassants : dossier S.I.R. [1] – Banque de Rome – Banque Ambrosiano.

Dès 1976 il mène une campagne publique contre

1. Société italienne de résine – Trust de la chimie.

110

Roberto Calvi le banquier du Vatican. Le parquet italien reconnaîtra immédiatement l'exactitude des détournements révélés par Luigi Cavallo, mais pendant plus de quatre ans, le financier sera protégé. Il faudra attendre 1981 pour que l'inculpation soit prononcée.

Roberto Calvi pourra quitter l'Italie grâce à un passeport remis par un magistrat. Son voyage s'interrompra curieusement sur l'échafaudage d'un pont de la Tamise à Londres où on le retrouvera pendu en juin 1982, (lui qui était connu pour avoir un terrible vertige a bien dû être aidé pour se hisser là où il fut retrouvé).

A l'origine des informations publiées par Cavallo se trouve l'autre banquier failli, emprisonné aux États-Unis : Michele Sindona, qui règle des comptes avec son successeur.

Luigi Cavallo explique pourquoi son bulletin adressé aux médias et aux parquets d'Italie est constamment alimenté par les informations les plus confidentielles : « Il y a toujours quelqu'un qui a intérêt à dévoiler un scandale », dit-il.

Les scandales du Vatican, la mise en cause de Mrg. Marcinkus et de Licio Gelli – Vénérable de la loge P 2 – mettent en danger Luigi Cavallo qui est l'objet du harcèlement des magistrats. Il quitte l'Italie en 1976 et s'installe dans la région parisienne en août 1977.

Artisan-journaliste d'un bulletin qui se situe dans la ligne tantôt du journal *Minute,* tantôt du *Canard*

LA FILIÈRE

Enchaîné, Luigi Cavallo élabore en France des textes qui sont publiés à Turin.

En juillet 1983, il publie un bulletin très documenté sous le titre : « le pape, l'Islam et la C.I.A. »

Luigi Cavallo se livre pour la première fois à l'étude du personnage d'Agca. Il révèle les liens du tueur avec les organisations néo-nazies et affirme que la filière bulgare a été décidée par la C.I.A. et fabriquée par les services secrets turcs (M.I.T.) et italiens (D.I.G.O.S.).

Luigi Cavallo qui rappelle qu'il est lié personnellement à des « services » de documentation américaine sait fort bien de quoi il parle lorsqu'il précise que les services secrets italiens, tout comme les services secrets turcs, bénéficient de deux budgets, un budget venu de l'État et un budget venu de la C.I.A. Il était donc facile de coordonner une action pour fausser l'image d'Agca et préparer le scénario d'une filière venue de l'Est.

Pour Luigi Cavallo, la filière bulgare est l'œuvre des « Républicains » qui autour de la Maison-Blanche pensent que la condamnation du Bulgare Antonov est de nature à renforcer la position de Reagan dans l'opinion américaine.

Reagan-Bush veulent à tout prix cette condamnation avant novembre 1984 et ils ont bénéficié du concours actif du juge Martella acquis depuis longtemps aux nécessités des luttes idéologiques venues d'outre-Atlantique.

Pour illustrer le rôle actif joué par le département d'État américain dans la manipulation de l'affaire Agca, Luigi Cavallo publie le fac-similé de deux documents qui ont été imprimés par le téléscripteur de l'ambassade des U.S.A. à Rome.

Les dépêches sont ainsi libéllées :
– «

SECRET – ROME – 28 AOUT 1982.

AMBASSY ROME – SEC. STATE WASHDC
CIA WASHDC – USIS WASHDC —
AM CONSUL MILAN – AM CONSUL PALERMO
NATO COLLECTIVE

OBJET. L'affaire AGCA et les activités terroristes du bloc de l'Est

I – L'organisation, en Italie, d'une campagne pour attirer l'attention de l'opinion publique sur une implication de la Bulgarie dans l'attentat contre le pape Jean-Paul II est à la fois possible et prometteuse.

Une majorité catholique veut naturellement répondre à la question de savoir à qui peut le plus profiter la mort du pape en montrant du doigt le bloc de l'Est.

La mise en cause de la Bulgarie, le plus fidèle satellite de l'U.R.S.S., sera une étape vers le discrédit des leaders soviétiques et pour impliquer ultérieurement Moscou comme centre du terrorisme international. L'Italie et ses alliés montreront ainsi que l'objectif du Kremlin est la déstabilisation du bloc de l'Ouest, posant ainsi la question de la valeur d'un dialogue, quel qu'il soit, avec les Russes.

II – La clé de cette affaire est la production de preuves établissant les liens d'Ali Agca avec les Bulgares. Des amis du « S.I.S.M.I. » ont assuré nos spécialistes qu'Agca est maintenant prêt à coopérer et à donner des preuves qu'il a agi sous les instructions directes des représentants bulgares en Italie. Les identités des Bulgares impliqués sont en train d'être étudiées. « S.I.S.M.I. » possède quelques éléments sur les services secrets bulgares et leurs agents en Italie, mais notre aide dans cette affaire serait extrêmement bienvenue, particulièrement les éléments provenant de nos sources dans les dossiers des Brigades Rouges. Il est de l'intérêt des U.S.A. qu'une aide de cette nature soit fournie.

III – Une prompte réaction de la part des médias italiens contribuerait au succès de la campagne. Une aide a déjà été promise par les journaux *Nuovo*, *Avanti* et *Il Messaggero*, ainsi que par certains leaders du parti de Craxi, par le social-démocrate Poletti et par d'autres. Nous pouvons aussi compter sur le soutien du général Ferrara et sur celui du ministre de la Défense : Lagorio.

IV – L'arrivée de Vernan Walter doit permettre la coordination finale de cette opération qui exige aide et efficacité.

LA FILIÈRE

Le deuxième document est le fac-similé d'un texte qui émane du même téléscripteur de l'ambassade des U.S.A. à Rome : il est daté du 6 décembre 1982 et concerne les mêmes interlocuteurs :

OBJET : l'affaire ANTONOV

I – Comme prévu, notre opération pour lier les Bulgares à l'attentat contre la vie du pape a été un succès retentissant. Les médias européens ont développé avec enthousiasme les thèmes sur les orientations prévues : que le tueur a été dirigé par la police secrète bulgare; que les Bulgares agissent sous le contrôle total du K.G.B.; que le K.G.B. était dirigé à l'époque des faits, par l'actuel leader soviétique.

II – Après concertation, le leader de l'union syndicale : Georgio Benvenuto, a donné une interview au journal conservateur milanais *Il Nuovo* préconisant le rappel de l'ambassadeur italien à Sofia, centre d'appui de l'espionnage. Un socialiste du parlement, Stefano Servadei, pressera le gouvernement afin qu'il prenne des mesures effectives à l'encontre des principaux coupables dirigeant les activités des services secrets Bulgares.

III – Trois facteurs ont assuré le succès de la campagne :

A. Le soutien actif des socialistes du parti de Craxi, convaincus que dans cette action ils consolideront leur position vis-à-vis des autres partis.

B. La crédibilité et le prestige des services américains en tant que fidèle et régulière source d'information pour les journalistes les plus hautement responsables.

C. L'intérêt tout spécial manifesté à l'Ouest pour tout ce qui concerne les circonstances de l'attentat contre la vie de Jean-Paul II [1].

Mme Sterling explique dans son livre [2] que ces documents sont des faux qui ne comportent d'ailleurs aucune référence. Luigi Cavallo répond très tranquillement :

– « Vérifions si la machine utilisée est, ou non, le téléscripteur de l'ambassade américaine : la réponse est oui! les dépêches ont été imprimées sur le téléscripteur, personne ne prendra le risque de le contester par une expertise technique. »

De tels arguments et de tels documents sont bien gênants pour le juge Martella. La réaction viendra du parquet de Milan, le 14 mai 1984, à l'époque où le procureur Albano remet en secret ses conclusions. Cet acte d'accusation est immédiatement confié à Mme Sterling qui en publie des extraits dans le *News York Times* du 10 juin 1984.

Alors que la préparation du procès Antonov s'active pour satisfaire les exigences de Reagan, Luigi Cavallo constitue un gêneur. Le parquet de Milan lance contre lui un mandat d'arrêt et une demande d'extradition. Luigi Cavallo est arrêté par la police française de Fontainebleau le 19 mai 1984.

1. Ces dépêches reprennent les orientations du Concile Jonathan et du C.S.I.S.
2. Le temps des assassins.

Le juge Ilario MARTELLA

Les « Pères conciliaires » réunis au Jonathan Institute.

De gauche à droite : Professeur Joseph Bishop, Lord Chalfont, Rép. Jack Kemp, Lady Chalfont, Professeur Abraham Schalit, Professeur Richard Pipes, Docteur Hans Josef Horchem, Brian Crozier.

Boïan TRAIKOV
Directeur Général
de B.T.A.

17 décembre 1982. Sofia. Conférence de presse.
De gauche à droite : Todor AYVAZOV, Rossitza ANTONOVA, Zhelyo
VASSILEV.

Au 3ᵉ etage :
l'appartement de
Serguei ANTONOV

Le lieu de rendez-vous « discret »
pour « l'après attentat », selon Agca...

L'hôtel Isa
où séjourna Agca

Le bureau du « suspect » à Balkan-Air

Serguei ANTONOV

Sa fille : Anna

QUI N'A PAS SON ANTONOV ?

PARIS-MATCH l'a trouvé...

V.S.D. et OGGI... aussi
Mais ce n'est pas le même...

Italie : le suspect bulgare était... américain

La polémique autour du cas du fonctionnaire bulgare Ivanov Antonov, arrêté à Rome et soupçonné d'avoir participé à l'attentat contre le pape, rebondit en Italie. On n'exclut même plus qu'il puisse être bientôt libéré, faute d'indices suffisants. En effet, après la publication, à la « une » de la quasi-totalité des journaux italiens, d'une photo prise place Saint-Pierre le jour de l'attentat et où figure une personne ressemblant étrangement à Antonov, les enquêteurs ont fait savoir que la personne photographiée n'était nullement le Bulgare en question, mais un pèlerin américain d'origine hongroise.

La police a ajouté que celui-ci apparaît sur beaucoup d'autres clichés et sur un film tourné par la télévision italienne, et qu'il est évident qu'il ne ressemble guère au fonctionnaire de Bulgan Air arrêté à Rome, à la suite, semble-t-il, de « révélations » faites par le Turc Ali Agca, condamné à la détention à perpétuité pour avoir ouvert le feu sur Jean-Paul II.

LE MATIN : 3.12.82

« LIBÉ » n'est pas en reste...

ant-hier à Rome d'un Bulgare qui aurait aidé Ali Agca dans la préparation i Pape relance les spéculations sur la « piste du KGB », les services secrets auraient voulu éliminer Jean-Paul II pour son rôle dans la crise polonaise.

Les enquêtes se poursuivent après l'attentat, le 13 mai 1981 contre le pape Jean-Paul II.

Serguei Ivanov Antonov

de son pays. Par ailleurs, les éléments de preuve retenus contre lui ou les éven-   contre le tueur pris sur le fait et montrer ainsi que, contrairement à sa   procès Negri avait laissé la plupart des observateurs littéralement pantois. En   monde entier », il dénonçait tout aussi bien l'impérialisme américain que

Sofia
Hôtel Vitoscha

MİLLİYET GAZETESİNE

Türkiyenin kardeş islam ülkeleri ile
Ortadoğuda yeni bir siyasi, Askeri ve Ekonomik
Güç. Oluşturmasından korkan batılı emperijalist
lar hassas bir dönemde dini lider maskeli
Haçlı kumandanı John paul'ü acele
Türkiyeye gönderiyorlar. bu zamansız ve
anlamsız ziyaret iptal edilmezse papayı
kesinlikle vuracağım. cezmevinden kaçmamın
tek nedeni budur. Ayrıca ABD ve israil
kaynaklı mektbe baskınmın hesabı sorulacaktır.
Ayrıca kansız, sessiz ve basit bir kaçış
Olayını rica ederim büyütmeyin.
Saygılarımmla.

Mehmet Ali Ağca

Lettre de
Agca au
journal « MILLIYET »
envoyée le lendemain
de son évasion
de la prison
turque de
KARTEL-MALTEPT

Занятие (професия)	От къде пристига	Личен паспорт, серия № и място на издаването	№ на стаята
Италия	Р. лей	0808854/12.7.80 Пехин	914
		3517181/2.7.76 "	906
		3517180/ "	906
		6414978/29.6.78 "	910
		4827497/15.12.76 "	910
		7949440/13.7.77 "	911
		8057214/12.7.79 "	911
		4974551/13.7.77 "	918
		2666381/16.7.80 "	918
		7438957/21.11.78 "	919
		3458839/12.7.76 "	903
		6527490/14.7.78 "	903
		0608409/26.6.80 "	903
		8684704/5.10.79 "	903
		8137614/4.7.79 "	903
		7437802/23.2.79 "	907
		7437787/23.2.79 "	907
		7192020/6.12.78 "	921
		5473548/10.12.77 "	921
		4166081/28.1.77 "	905
		4166080/28.1.77 "	905
		4764309/30.6.77 "	924
СГПО	Русе	СС490974-7.625 Белград	1128
Австрия		СА79172-10.580 "	1114
		4546-2136 Бристан	1117
		4545 "	1112
		135631-27.678 България	1118
		135632 "	1118
		192084-4.126 Кельн	1119
		192618-" "	1119
		209492-17.878 "	1120
		209491-17.8 "	1120

Registre de l'hôtel tel qu'il a été vérifié jour par jour par MARTELLA

№ по ред	Дата на пристигането	Собствено, бащино и фамилно име на пътника	Дата на раждането	Месторождение
37	Л.8.50	Каору Серизава	11.9.61	Н.Б.
38		Агнешко Фузии	4.6.18	"
39		Минору Фузии	18.8.12	"
40		Тошихиса Нозаки	20.11.15	"
41		Икуо Нозаки	6.5.24	"
42		Фуми Канеко	28.12.05	"
43		Тами Хашимото	12.3.03	"
44		Тоёдзо Танака	28.7.48	"
45		Масаво Хираяама	1.1.26	"
46		Тодоко Хато	29.3.36	"
47		Коишко Хиби	27.1.47	"
48		Михико Мируза	23.7.17	"
49		Кио Саито	1.9.16	"
50		Тошио Уи	19.9.09	"
51		Митио Хозегава	15.11.23	"
52		Сумико Гэди	3.10.24	"
53		Осаму Гэди	25.5.22	"
54		Сетси Итука	11.2.21	"
55		Масако Ийе	29.10.22	"
56		Мидори Хатаяи	6.6.18	"
57		Хируми Хатаяи	1.10.08	"
58		Мизуо Сумияши	8.5.28	
59		Джанич Иован	30.3.50	Никшич
60		Деннович Сокол	24.11.27	Пирот
61		Рамел Мориан Мили	26.10.24	Хербертон
62		Вивиан Мориан Мили	11.5.17	Рокхемптон
63		Ридиел Туренс	12.1.30	Сидней
64		Мориан Туренс	9.9.32	—"—
65		Доротин Чокър	21.2.24	Аделаида
66		Кевин Чокър	9.5.20	Мелборн
67		Рут Гардинер	23.12.11	Сиднеи
68		Кита Артур Гардинер	18.2.05	Тикомол Австрал

Agca et Martella

Agca et ses gardes

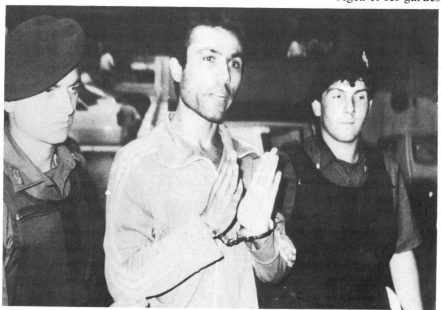

Agca, masqué ou non, un tueur est un tueur.

3					107	SEVIM
						TOKER
4					109	MEHMET
5	08.05.81 20 00	09.05.81 8 25			102	KRASTEVA DANICH
6					102	AKKOVA ROSSITZI
7					102	KOSTEV KOSTA
8	08.05.81 21 00	09.05.81 5 00			113	KAVICHA FATHA
9					113	KAVICAN MEHMET
3950	08.05.81 21 10	09.05.81 6 45			107	FINGER THERESIA HAR
1					107	VAN DER HEYDEN HELMUT WIL
2	08.05.81 21 20	09.05.81 4 45			106	MOSTAR AHMET LÜT
3	08.05.81 22 10	09.05.81 4 30			114	TATLISU HANDI
4					114	TATLISU ALI
5	09.05.81 2 45	09.05.81			104	CETINBINICI SAYHAU

Relevé du registre « entrée-sortie » du motel « HUTTUP » en Yougoslavie. Rossitza ANTONOVA y est inscrite sous son nom de jeune fille : AKKOVA en compagnie des époux KOSTA KRAS.

	1	864808		
	1	TR-A 844015		
	BUGARSKA	366800		
	1	050207		
	1	36.6799		
	TURSKA	TR-C 126536		
	1	TR-F 149015		
A	SR NJEMAČKH	D 1207927		
YELM	1	D 0236084		
1	TURSCH	TR-C 578213		
	1	TR-C 426762		
	1	TR-B 209246		
	1	TR-D 159553		

Knjiga stranih gostiju

Arrivée le 8.05.81 à 20 h 30
Départ le 9.05.81 à 5 h 15

HUTTUP »Vinogorje«
NOVA GRADIŠKA
MOTEL »TURIST«
STARO PETROVO SELO
AUTOPUT
Telefon (055) 83-610

Datum _08. 05._ 197 _8/_

RAČUN ✳ 13961
FACTURE

Za _KRASTEV KOSTA_   Soba broj
M   Chambre No   _102_

	Datum Date						
Mjesec Mois d... 197...		D I N A R A					
Stan Logis	_480_						
Divan Lit sofa							
Doručak Déjeuner à la jour	_195_						
Ručak Déjeuner							
Večera Diner							
Restoran Restaurant							
Piće Boissons							
Etage .... %							
Rublje Blanchissage							
Boravišna taksa Taxe de sejour	_450_						
Prtljaga — Garaža Bagages — Garage							
Telefon Téléphone							
Prijava Registration	_0,55_						
Osiguranje Assurance	_3,00_						
UKUPNO TOTAL	_85,50_						
Donos Raport	_682,95_	= _£ 21,500_					
SVEUKUPNO Total général		_848_					
Odbici Retraits							
Za uplatu Pour palement		HUTTUP					

Umoljavamo račun podmiriti na dan uručenja
On est prié de régler la note de semaine à sa
présentation.

Tjedni račun ukupno _____
Total de la note

M. P.

_08.05._ 197   Naplatio _____

Facture du Motel au nom de KOSTA KRAS.

LA FILIÈRE

Que veulent les magistrats italiens?

Faire taire Luigi Cavallo sur la filière bulgare? Sans aucun doute! A moins que les « services » qui sont à l'origine de l'affaire Antonov ne souhaitent « détenir » Luigi Cavallo pour le contraindre à renier les thèses qu'il a publiées.

**

Quelques jours avant son arrestation, Luigi Cavallo a appris que l'avocat français que je suis, prépare un dossier sur l'affaire Antonov. Il me désigne pour l'assister et c'est ainsi que je découvre ce solide personnage, porteur de bien lourds secrets et de terribles angoisses.

Aux côtés de Me Domenach, avocat catholique nous plaidons la mise en liberté d'un journaliste poursuivi sur des inculpations de droit commun qui recouvrent des motifs clairement politiques : Luigi Cavallo est remis en liberté par la justice française après vingt-cinq jours de détention...

Dans les jours qui suivront ils recevra des communications téléphoniques lui enjoignant de se taire tantôt sur le ton de la personne qui vous veut du bien, tantôt sur le ton de la menace.

Le prolongement de la filière bulgare à Paris semble pour l'instant avoir fait long feu.

CHAPITRE SIXIÈME

MEHMET ALI AGCA,
UN LOUP VENU D'ANATOLIE

Mais qui est donc Mehmet Ali Agca, chargé d'illustrer la première campagne mondiale inspirée par le Concile du Jonathan Institute?

Mehmet Ali Agca est né le 9 janvier 1958 à Hekiman en Turquie près de la ville de Malatya. Il a passé son enfance sur une de ces collines qui, loin du cœur des villes, regroupent en bidonvilles les populations les plus pauvres. Sa maison était faite de planches et d'argile; il possédait toutefois un jardin dans lequel la famille cultivait quelques légumes. Le père donne une image de déclassé, il est mort alors que Mehmet Ali avait à peine huit ans. C'est la mère, Müzein, qui élève donc seule les trois enfants : Ali, un frère Adman et une fille Fatma.

Malatya est un chef-lieu d'une province de l'Anatolie orientale; elle est située à l'extrémité occidentale du Kurdistan, territoire qui a gravement souffert des répressions cruelles organisées par le pouvoir turc central. L'Anatolie orientale est aussi le pays qui a vécu le génocide arménien.

LA FILIÈRE

A Malatya, les Turcs musulmans chiites auxquels appartient la famille Agca, sont en minorité par rapport aux Kurdes et aux chrétiens arméniens qui ont survécu à la répression.

La population musulmane de l'Anatolie est également divisée en deux groupes hostiles. Le groupe le plus important est formé par les intellectuels et les couches moyennes qui sont Allouites et traditionnellement orientés à gauche. Le prolétariat le plus démuni, notamment dans les campagnes, est à prédominance sunite, il s'agit de musulmans orthodoxes qui suivent une révélation non écrite qui complète le Coran. Agca appartient aux couches déshéritées de la minorité sunite. Le jeune Ali Agca connaît les contradictions d'un « lumpen prolétariat » qui subit la misère des bidonvilles dans ces cabanes de bois, de taule et d'argile mais qui, en même temps, se sent aux côtés du pouvoir central et des forces politiques de droite. Agca nourrit un nationalisme aigu; il se sent héritier de la tradition turque depuis que la légende évoque le premier Turc sauvé du massacre en Asie Mineure et accouplé avec une louve. C'est dans cette légende que se trouve l'origine d'un peuple qui n'a cessé de jouer les tout premiers rôles dans l'histoire des Balkans et des pays de la Méditerranée. Pour avoir une idée exacte de ce que fut la renaissance du nationalisme turc avec le père de l'indépendance Kemal Ataturk, il faut avoir suivi le long périple de saint Paul vers les églises chrétiennes de Cappadoce, mesurer la signification de ces églises creusées au cœur des cheminées de fées de vallées lunaires, il faut avoir parcouru les voies et les cités romaines de Éphèse au

LA FILIÈRE

Bosphore – des sites prestigieux encore endormis sous les protections de terre – il faut connaître la féerie des rivages méditerranéens, il faut avoir vu les six cents mosquées de Constantinople – Istanbul et les trésors du musée de Tokapi, il faut découvrir à Ankara et dans l'Anatolie, pays d'Agca, le niveau stupéfiant des civilisations hittites dont le développement et l'écriture ont précédé les civilisations d'Égypte.

Ce qui a porté Kemal Ataturk vers l'idéologie national-socialiste a laissé place dans la Turquie contemporaine à un puissant parti fasciste, « le parti du Mouvement nationaliste » dirigé par Alpaslan Turkesh.

Le parti du Mouvement nationaliste s'est doté d'une main armée redoutable : Les Loups Gris auxquels sont rattachés diverses organisations à l'intérieur du pays et dans l'émigration en Europe.

Ali Agca, déshérité, humilié en raison de sa situation économique, rêve d'une revanche sur cette gauche de Malatya qui dispose de plus grandes richesses. Ali Agca a saisi sa chance dans l'école qui malgré, les épreuves, est restée en Turquie ouverte au plus grand nombre. Il a connu la blouse bleue et le col blanc ; il a été bon élève au point de poursuivre ses études.

La mère d'Agca, Müzein, a tremblé pour cet enfant de constitution fragile qui souffrait de crises d'épilepsie. Ali Agca n'avait que huit ans à la mort de son père. La vie a été rude pour lui comme pour son frère Adman et sa sœur Fatma. Ali est le chef de la famille; sa mère lui voue une vénération; elle dira : « Mehmet Ali est très intelligent et un très bon garçon, il faisait tout pour nous aider ».

Les professeurs du lycée et de l'École normale se souviennent de ce garçon froid, long, nerveux; un enfant intelligent mais peu communicatif. Ali Agca est solitaire; il lit beaucoup; il avouera que, dès l'enfance, il a le souci de susciter l'intérêt de son entourage.

Il aime qu'on le surnomme « l'empereur ».

Ali Agca a terminé l'école secondaire à Yesintepe, banlieue de Malatya. En 1973 il s'est inscrit alors à l'École normale pour devenir instituteur, et le cycle de formation c'est terminé en 1976. En 1977, il s'inscrira à la faculté d'Ankara, puis à la faculté d'Istanbul, mais jamais personne ne l'a vu suivre des cours.

A Malatya, la jeunesse est enrôlée en commandos et la violence décide dans le débat politique. Il existe un petit groupe de gauche : « D.E.V. S.O.L. » qui réunit la jeunesse de la petite et moyenne bourgeoisie, mais les quartiers pauvres de la périphérie, le bidonvilles sont dominés par des bandes d'extrême droite : E.T.K.O. : « armée de libération des Turcs » et T.I.T. « Brigade turque de revanche » qui sont confédérées avec le parti du Mouvement national. Ce parti promet la résurrection du peuple turc et prêche l'action dans une guerre permanente contre les Juifs, les Grecs, les Arméniens, les séparatistes Kurdes, les Allouites hérétiques.

Le parti du Mouvement national dispose d'une structure paramilitaire : « les Loups Gris ». C'est leur chef Oral Celik qui enrôle Mehmet Ali Agca et qui en fait immédiatement son homme de confiance. A Malatya, Agca aura des relations avec l'organisation clandestine des fondamentalistes islamiques : « Akin Cilar » qui revendique l'application en Turquie de la loi islamique.

L'Anatolie a été aussi la terre du génocide des chrétiens arméniens. C'est dans cette région qu'en 1915 un million d'Arméniens ont été exterminés. Aujourd'hui encore, le gouvernement d'Ankara refuse aux survivants le droit d'avoir des églises et des écoles.

Lorsque les journalistes ont interrogé le frère d'Agca après l'attentat contre le pape, Adman a répondu très spontanément « les chrétiens sont des ennemis naturels des musulmans ».

Dès le lycée, Agca a fait un choix politique; il s'est engagé du côté de la puissance de droite. Il pense prendre une revanche sur ceux qui dominent l'économie et lui font vivre l'humiliation des bidonvilles. Il vit dans les rangs fascistes des affrontements avec les forces de gauche; il participe à la terreur. On retiendra de cette époque qu'il a déjà le goût de la photographie et qu'il aime à se faire prendre en photo avec les membres des commandos des Loups Gris dont il partage l'activité souvent criminelle.

Malatya en Anatolie présente encore d'autres particularités; c'est, à la porte des hauts plateaux arméniens, un poste important dans le trafic international des armes et des stupéfiants : opium, morphine, héroïne. Les paysans pauvres n'ont pas d'autre ressource pour survivre que de se livrer à la culture du pavot et au trafic des stupéfiants. Il existe à Malatya des parrains, chefs de la mafia turque, qui dominent la société civile. Le M.I.T. service de renseignements turc est également présent. Il existe des liens étroits entre les Loups Gris, la mafia turque et le M.I.T.

Dès le lycée, Ali Agca apparaît dans les commandos des Loups Gris. Il est rappelé à l'ordre dans le lycée pour avoir porté sur les murs des inscriptions « mort aux Arméniens ».

Il écrit des poèmes nationalistes et anti-arméniens. Ces poèmes lui valent même quelques ennuis avec le proviseur du lycée qui s'inquiète de la violence des propos et confisque ses « œuvres ». C'est normal, Mehmet Ali a déjà choisi la droite, et la plus dure, celle du parti d'Action nationaliste dirigé par l'ex-colonel Turkesh. Le « Bachbom » (Führer) comme il se proclame, prône la théorie des « Neuf lumières », un panturkanisme pour la conquête de la grande Turquie : de Vienne jusqu'au milieu de la Chine.

En attendant le « Bachbom » tente de s'implanter

fortement en Turquie par les voies légales et les autres. Le parti d'Action nationaliste recueille, aux dernières élections, plus d'un million de voix et envoie seize députés à la Chambre. Parallèlement, il développe des camps de vacances pour les jeunes défavorisés. On y fait du sport, principalement du karaté, du judo, et l'on y suit des cours. Mehmet y apprend l'histoire d'Asena, la louve-mère de tous les Turcs, qui règne sur Ergenekon, une vallée merveilleuse où l'on vit éternellement. Camps de jeunes, légendes fabuleuses, reconquête d'un empire détruit sous la conduite d'un Führer : l'analogie est évidente. D'ailleurs, l'ex-colonel ne s'en cache pas, même s'il se bat ouvertement sur le terrain démocratique. Plusieurs branches clandestines rattachées à son mouvement se chargent de saper la démocratie sous des vocables révélateurs : « Brigade de vengeance turque » ou bien « Armée de libération des Turcs en esclavage ». La bataille commence dans les lycées et dans les universités pour se propager dans les rues, les usines et les bureaux. Au terrorisme de droite répond de terrorisme de gauche. Les coups de feu succèdent aux coups de poing. Lorsque, en 1980, la junte militaire prend le pouvoir, elle emprisonnera Turkesh et ses adjoints dont la mission est considérée comme terminée. Le procureur militaire retient 674 chefs d'accusation et requiert la peine de mort contre les leaders du Parti nationaliste : on compte alors plus de cinq mille victimes du terrorisme.

Jean-Michel Caradec publie dans *Paris-Match* du 29 mai 1981 un article intéressant :

LA FILIÈRE

– « Agca qui a toujours été un membre à part parmi les « Loups Gris » et qu'on avait surnommé « Baginsiz », le solitaire, a toujours bénéficié d'une étrange protection.

De fait, la vie du petit paysan endimanché Mehmet Ali Agca semble prendre un tournant étrange à partir de l'année 1978. Il a tout juste 20 ans et sort du fin fond de sa campagne de Malatya, muni d'un maigre bagage intellectuel acquis à l'École normale et, comme ses condisciples, d'une sérieuse habitude du coup de poing, quand ce n'est pas pire, avec ses camarades d'école. Quelqu'un a du remarquer chez lui certaines capacités puisqu'il est admis à l'Académie des sciences économiques et commerciales de l'université d'Istanbul dont l'accès est soumis à un difficile examen. Il se trouve bien à propos qu'à l'époque l'ex-colonel Turkesh est vice-premier ministre chargé des universités et que les examens sont entâchés d'irrégularités flagrantes. Toujours est-il que Mehmet Ali Agca, muni de sa carte d'étudiant, peut ainsi demeurer à Istanbul. Il emménage à la cité Édirme Kapi, tenue par l'extrême droite, jusqu'en juillet 1978, date à laquelle le gouvernement militaire fait évacuer le bâtiment après six heures de négociations. On perd alors la trace de Mehmet qui se réfugie vraisemblablement dans un des camps d'entraînement organisés par les Loups Gris, vraisemblablement celui de Kayseri, au sud-est d'Ankara. Le terrorisme atteint des proportions incroyables. On totalise 1 170 victimes à la fin de l'année 1978 et on atteindra 3 000 victimes l'année suivante... Son frère Adman, âgé de vingt ans, dira en apprenant la tentative de meurtre contre le pape : « Mon frère est contre le monde chrétien. Bientôt il sera célèbre à travers le monde. Il prendra sa place à la tête du mouvement islamique pour poursuivre la juste guerre. C'est ce qu'il m'a dit la dernière fois que je l'ai vu, en prison à Istanbul... »

Mehmet Ali Agca devenu étudiant continuera à revenir à Malatya dans l'ombre d'Oral Celik, les deux hommes, on le verra, ne se quitteront jamais.

Il ne suffit pas à Ali Agca d'être un homme de main, il veut se faire une place plus importante; il apparaît comme un théoricien.

Il donne aussi bien des cours aux adhérents que des conférences publiques sur le thème de la « stratégie du Mouvement nationaliste ».

La personnalité d'Ali Agca et son activité ne passent pas inaperçues et très rapidement les parrains de la mafia et les services de renseignements vont se manifester.

Dès le 13 décembre 1977, le nom d'Ali Agca figure dans le livre de comptabilité d'un parrain de la mafia qui lui a ouvert un compte de 40 000 lires turques dans une banque la « Turkie Ish Banukassu ». Les versements venus de la mafia ou d'ailleurs ne cesseront plus jusqu'au 13 mai 1981, date de l'attentat contre le pape.

Est-ce que les services de renseignements turcs se sont concertés avec la mafia pour alimenter l'activité d'Ali Agca? Nous n'aurons pas de réponse; il faudra attendre 1979 pour que des agents de renseignements turcs reçoivent la mission d'effectuer des versements au profit d'Ali Agca.

Leader fasciste, théoricien de la lutte nationaliste, homme de main couvert par la mafia turque, Ali Agca a choisi la violence et, avec Oral Celik, il réalise le premier assassinat. C'est à Malatya, le 7 mai 1977, que l'on retrouve Ali Agca avec Oral Celik pour préparer et réaliser l'assassinat de Neuzat Ylduram, professeur de philosophie au lycée Gazi et leader de la gauche.

Oral Celik et Ali Agca ont également décidé d'assassiner un instituteur : Mustafa Tja Nourt, mais l'objectif n'est pas atteint; Mustafa Tja Nourt est seulement blessé.

En 1978, la Turquie est en proie à la crise économique et au terrorisme. Le gouvernement de coalition présidé par Bulent Ecevit est sur le point de se désintégrer, la violence fasciste s'est déchaînée, et on compte par milliers les victimes des assassinats. Les Loups Gris sont alimentés en armes par l'« International Noire » depuis les États-Unis. Cette activité est coordonnée par le responsable de la C.I.A. en Turquie : l'Américain Paul Hentze.

Paul Hentze qui se présente volontiers comme un journaliste du *Reader's Digest* est un employé de l'ambassade des États-Unis à Ankara. La maison d'édition américaine « Fial Stewart Inc » a publié un répertoire en deux volumes sur la C.I.A. dans lequel Paul Hentze figure comme officier d'active avec le grade de général. Ce répertoire précise en particulier que Monsieur Paul Hentze a été en mission en Turquie de 1958 à 1959 puis de 1974 à 1977, Paul Hentze a reçu le titre de mandataire de la C.I.A. dans l'appareil du Conseil national de sécurité auprès du président des États-Unis, mais il continue d'avoir des activités en Turquie et il connaît parfaitement les pistes de contrebande d'armes occidentales en direction des Loups Gris dont on sait qu'ils préparent avec Turkesh un coup d'État.

Le journal *Milliyet* est une publication populaire qui est dirigé par un libéral : M. Abdi Ipekci. C'est un éditorialiste très apprécié en Turquie en raison de ses appels à la raison à toutes les forces politiques susceptibles de défendre une Turquie démocratique. Il rappelle le caractère imminent du danger d'un coup d'État fasciste. Il appelle les formations politiques à la responsabilité. Il demande que des dispositions soient prises pour mettre fin à toutes les formes de terrorisme.

Abdi Ipekci gêne la stratégie de la droite. Au surplus il s'oppose vigoureusement au rachat du journal *Milliyet* par un homme dont les liens avec la droite fasciste et la mafia sont évidents.

A la fin de l'année 1978, Ipekci a décidé d'aller plus loin, il connaît les réseaux d'approvisionnement en armes au profit des Loups Gris. Il entend dénoncer les massacres commis par les fascistes dans la ville de Kahramanmaras, il a notamment identifié parmi les instigateurs du carnage, un membre de la C.I.A. nommé Alexandre Peck employé de l'ambassade américaine en Turquie.

Ipekci sait également que Turkesh, Führer du parti du Mouvement national travaille en relation avec Marshall Berg autre agent de la C.I.A., conseiller d'ambassade, qui couvre l'aide financière considérable apportée au mouvement fasciste depuis les États-Unis.

Ipekci décide de saisir directement la personne qu'il sait la mieux informée des graves engagements pris par les États-Unis au regard de la situation intérieure : le 13 janvier 1979 il rend visite à l'Américain Paul Hentze et lui confie toutes ses préoccupations.

Le 20 janvier 1979, Mehmet Ali Agca se fait délivrer un passeport. Le 31 janvier 1979, Ali Agca et Oral Celik se retrouvent à Aksarai, le siège du parti du Mouvement national. Ils retrouvent là Mehmet Shener et un autre Turc fasciste Chailan. C'est au siège du parti néo-fasciste que sont prises les dernières dispositions et le commando constitué de Celik. Agca et Chailan se dirige vers le boulevard Emlaka Teshvikije à Istanbul, à quelques 50 mètres du domicile d'Ipekci.

LA FILIÈRE

Dans *Paris-Match* le 29 mai 1981 – Jean-Michel Caradec fait le récit de l'attentat :

– « Ce premier février 1979, le grand boulevard d'un quartier bourgeois d'Istanbul est pratiquement désert. Un homme adossé contre la façade d'une maison, indifférent au vent glacé qui balaie les rues. Élancé, le visage bleui par une barbe dure, il protège ses mains dans les poches de son costume pied-de-poule. L'homme attend sans manifester la moindre impatience. Il se contente de fixer tranquillement le boulevard où circulent quelques rares voitures et taxis jaunes à damiers noirs et blancs. Une voiture américaine s'approche, conduite par un homme d'une cinquantaine d'années. Le conducteur met son clignotant et ralentit pour tourner dans une rue étroite à angle droit. Abdi Ipekci, rédacteur en chef et éditorialiste renommé du quotidien turc *Milliyet,* rentre chez lui. Le jeune homme attend au coin de la rue. Il fait les quelques pas qui le séparent de la voiture. Il tient maintenant un pistolet à deux mains et, les jambes légèrement fléchies, comme au stand de tir, il tire. La voiture a calé. Derrière le pare-brise éclaté, Abdi Ipekci s'effondre, mortellement blessé de plusieurs balles. Son assassin remet l'arme dans sa poche et, d'un pas vif, mais sans courir, rejoint l'homme qui l'attend au volant d'une voiture, sur le boulevard. En quelques secondes, elle a disparu, emportant Mehmet Ali Agca, vingt et un ans, et son complice, un militant du parti fasciste turc, le C.H.P. (parti d'action nationaliste).

Mehmet Ali Agca vient de gagner ses galons de tueur numéro un chez les Loups Gris, la branche la plus extrémiste du C.H.P. dans la Turquie des années soixante-dix, les Loups sont chez eux. »

La voiture du commando revient au siège du parti du Mouvement national et Agca reçoit les félicitations de Shener il restitue le révolver Walter.

Ali Agca quitte le jour même Istanbul en direction d'Ankara et il rentre à Malatya. Il attend tranquillement que les échos du dernier crime soient affaiblis. Il revient à Istanbul pour constater que ses parrains l'ont largement rémunéré. Le 5 février, 100 000 lires turques sont versées sur le compte d'Agca par un anonyme qui signe également Agca, mais avec une fausse signature. Un mois plus tard, 200 000 lires sont également versées sur le compte d'Agca dans une filiale de la Banque Yapi ve Kreedi Bankasi à Gebze.

Auréolé de ses exploits dans l'assassinat d'Ipekci, Agca revient à Istanbul chez les Loups Gris. Il dispose de moyens financiers importants en raison des règlements de ses parrains; il y aura d'ailleurs treize versements. Ali Agca parade à Istanbul, on le retrouve souvent au café Marmara siège des commandos du parti du Mouvement national et de tous les néo-fascistes.

Le journal *Milliyet* et l'Union des journalistes turcs ont offert une prime importante à qui permettra d'arrêter l'assassin d'Abdi Ipekci. Le 25 juin 1979, la police reçoit un message téléphonique anonyme. On lui indique que le meurtrier d'Ipekci : Ali Agca se trouve au café Marmara. Ali Agca est arrêté, il reconnaît immédiatement qu'il est l'auteur de l'assassinat et fournit toutes les explications sur la préparation et l'exécution du crime.

Fait exceptionnel : le ministre de l'Intérieur Gunes, homme du centre gauche, craint les manipulations des services de renseignements et il participe aux interrogatoires d'Ali Agca.

Agca revendique la responsabilité de son acte et précise qu'il agit dans le cadre du Mouvement nationaliste pour la création de la grande Turquie.

Chailan est également arrêté. Les interrogatoires des deux complices confirment le déroulement de cet attentat préparé par les néo-fascistes.

Après son arrestation, Agca est envoyé à la prison Selimie. Mais il dépose rapidement une requête, et demande à être transféré à la prison Cartal Maltepe où se trouvent également détenus d'autres activistes des Loups Gris. (Même en prison, Agca est préoccupé de rester lié à ceux dont il partage le destin depuis maintenant plusieurs années). Très curieusement, il est fait droit à sa requête et il rejoint la prison qu'il a choisie.

LA FILIÈRE

*
* *

Le procès d'Ali Agca commence devant le tribunal militaire d'Istanbul en novembre 1979. D'une manière tout à fait inattendue, Ali Agca nie avoir tué Ipekci, toutefois il reconnaît avoir participé à l'attentat. Ali Agca est sûr de lui; arrogant, il indique au tribunal qu'il se réserve au cours de la prochaine audience de dénoncer les personnalités qui sont mêlées à l'assassinat d'Abdi Ipekci.

A l'extérieur Oral Celik organise la fuite d'Ali Agca; il prend, pour organiser l'évasion, un nom de bataille : « Attila ».

Ali Agca aurait déjà pu s'évader le 5 octobre 1979 alors qu'une première tentative était tentée au bénéfice d'Attila Serpil, autre Loup Gris qui avait réussi à se faire transmettre des armes au cours d'une visite médicale. Les gardiens ont toutefois réussi à désarmer Serpil et la tentative à échoué.

C'est donc Oral Celik qui reprend la préparation de l'évasion de Ali Agca avec le concours de Mehmet Tunaydin autre Loup Gris lié à Ali Agca.

Un soldat de garde, le soldat Buenyamin Yilmaz sert d'agent de liaison. Agca lui fait remettre 100 000 livres turques et il prend contact avec Oral Celik et Tunaydin dans un bar à Djankurtaza quartier d'Istanbul. En retour, les Loups Gris fournissent au garde Yilmaz un pistolet et vingt cartouches.

Outre Yilmaz, le sous-officier Yusuf Hudud

134

qui est au poste de garde est également lié aux
Loups Gris. Ulmaz et Hududut vont donner un uniforme de soldat de l'armée turque à Agca qui, sans
difficulté, passera les sept contrôles qui le condui-
sent à l'extérieur de la prison Cartal Maltepe.

**

Sorti de prison Agca, et le garde Yilmaz trouvent
refuge chez les frères Ramazan et Rachid Gurbuz.
C'est là qu'ils retrouvent Oral Celik qui leur remet
des pistolets et des munitions. Le 26 novembre 1979,
à 12 heures 45, Ali Agca téléphone à la rédaction du journal *Milliyet;* il indique qu'il a laissé
à la boîte postale une lettre adressée à la rédaction du journal. Le journal publiera la lettre le jour
suivant. Il s'agit du document dans lequel il annonce
qu'il a l'intention de tuer le pape. Agca écrit :
– « Les impérialistes occidentaux craignant que
la Turquie et ses pays frères islamiques ne deviennent une puissance politique militaire et économique au Moyen-Orient, choisissent ce moment déli-
cat pour envoyer en Turquie le commandant des
croisés Jean Paul déguisé en chef religieux.
Si cette visite n'était pas annulée je tuerai à coup
sûr le pape.
C'est l'unique motif de mon évasion.
De plus la responsabilité pour l'attaque de la
Mecque (occupation en 1979 de la Mosquée la plus
sainte de l'Islam par des hommes armés) d'origine
américaine et israélienne ne restera pas impunie.
Mehmet Ali Agca. »

LA FILIÈRE

L'arrivée du pape est fixée au 27 novembre 1979. Les journalistes de *Milliyet* soutiennent la thèse que l'organisation de l'évasion d'Agca avait été conçue pour permettre à Ali Agca d'accomplir sur le sol turc l'attentat contre le pape.

Ce message envoyé au journal *Milliyet* révèle la nouvelle personnalité d'Ali Agca. L'homme est devenu loup chez les loups; il est, dans le camp fasciste, le modèle du tueur et son parti a mis en œuvre des moyens exorbitants pour organiser son évasion. Ali Agca se sent devenir un être d'exception capable de toutes les violences et assuré de toutes les impunités. Les progressistes l'évoquent avec terreur, il est le « Carlos » de l'extrême droite.

Il sait désormais qu'il peut compter sur toute aide des filières fascistes turques : parti du Mouvement national, Loups Gris, Mouvement des Idéalistes en Turquie et à l'étranger. Les fascistes ont en effet utilisé le terme « idéaliste » pour désigner leur mouvement à l'extérieur et notamment en Europe, plus spécialement en R.F.A.

Ali Agca qui aspirait à devenir un personnage hors du commun a la conviction d'y être parvenu.

Au lendemain de son évasion, Ali Agca a la

tranquille assurance que rien ne peut lui arriver et qu'il n'y aura aucune précipitation dans les décisions qu'il prend pour organiser sa fuite.

Ce sont des éléments recueillis lors du procès devant le tribunal militaire des activistes des Loups Gris accusés de complicité dans l'évasion de Mehmet Ali Agca, qui ont permis d'établir avec précision l'itinéraire d'Agca pendant les sept mois que dura son périple à travers la Turquie avant qu'il ne décide de rejoindre l'Occident.

Le procès a mis en cause 27 personnes dont deux militaires qui ont assuré jour après jour la mise au vert d'Ali Agca et la préparation de son départ.

En effet, évadé de la prison de Cartal Maltepe, Ali Agca doit attendre qu'on lui remette les documents, notamment les faux passeports qui vont lui permettre de passer la frontière et de rejoindre, toujours sous la couverture des activistes des Loups Gris, l'Allemagne et les autres pays d'Europe.

On sait par l'intermédiaire du garde Alassou originaire comme Agca de Malatya que Ali Agca dans sa prison n'a jamais cessé d'être en relation avec Shener et Celik. C'est d'ailleurs à Shener, à Celik et à Turkesh, président du parti du Mouvement national, qu'il s'adressait à la dernière audience de la cour d'assises au cours de laquelle il annonçait qu'il se préparait à faire une importante déclaration sur les personnalités mises en cause par l'assassinat d'Ipekci.

LA FILIÈRE

**

Après l'évasion du tueur, tout l'état-major des Loups Gris accueille Ali Agca qui est devenu un des héros du mouvement fasciste et qui en prend conscience. Shener à confié à son propre frère Hassan Shener le soin de prendre en charge personnellement Ali Agca; Celik l'accompagnera; il doit lui aussi quitter Istanbul pour touver une retraite plus paisible dans la région d'Ankara.

Le premier activiste Loup Gris qui héberge Ali Agca est Mehmet Gurbuz, frère des deux précédents. Très vite Agca a signifié qu'il n'entendait pas disparaître à la sauvette. L'organisation des Loups Gris prend des risques importants puisque Ali Agca est alors hébergé par un proche de Turkesh : le président de l'organisation de la jeunesse des idéalistes Loups Gris : Abdoulah Chatli.

Il se produit très certainement une rencontre entre Turkesh, le leader du parti du Mouvement nationaliste et Ali Agca à qui des promesses sont faites quant à la solidarité de l'organisation pour assurer sa fuite en Turquie et à travers le monde.

Les promesses faites par Turkesh et Chatli de lui apporter une aide en toutes circonstances et dans le monde entier seront respectées à la lettre; à son arrivée à Munich, Ali Agca exprimera sa reconnaissance en écrivant à Turkesh une lettre ainsi rédigée :
– « Très respecté Chef Général, en vous baisant

la main avec le plus profond respect, je crois que mon devoir est avant tout d'exprimer mon infinie reconnaissance pour vos soins paternels. Grâce aux frères idéalistes qui m'ont accueilli chaleureusement parmi eux, grâce à l'aide totale qu'ils me fournissent, je n'ai aucune difficulté. Je suis calme et j'ai accompli avec honneur la tâche qui m'a été confiée au nom de notre grande œuvre. Je suis fier d'être un Turc. Que Dieu garde les Turcs et les mène vers le progrès.

Mes respects les plus profonds. »
Signé Mehmet Ali Agca.

Cette lettre de Mehmet Ali Agca au Fürher Alpaslan Turkesh, chef des Loups Gris, n'est pas un document fabriqué pour nuire, ainsi que l'évoque Mme Sterling, au colonel Turkesh jugé après son arrestation par les militaires pour avoir à répondre de 674 assassinats terroristes. La lettre d'Agca n'aggrave en rien la situation de Turkesh, elle ne fait qu'éclairer la logique d'une relation entre le chef factieux et le tueur Ali Agca. Les conditions dans lesquelles cette lettre a pu parvenir à Turkesh sont mal connues; ce qui est en revanche incontestable à la suite des examens de calligraphie c'est l'écriture de Mehmet Ali Agca, authentifiée par les experts judiciaires.

Mme Sterling écrira : « Faux ridicule et grossier, la lettre connut pourtant un succès retentissant. »
Elle ajoute : « elle fut acceptée comme authentique au procès de Turkesh avant d'être présentée à la presse internationale ». Il est vrai que pour Mme Sterling cette lettre n'a guère de signification

puisque sa thèse de politique fiction est que, le 25 novembre 1979, Ali Agca pourvu de l'uniforme militaire sort de la prison de Cartal Maltepe, cette forteresse imprenable, en passant huit portes grâce à la complicité des agents de l'Est.

Pour Mme Sterling, le tueur Turkesh, chef des Loups Gris, jugé pour 674 assassinats de personnalités de gauche ou libérales ne peut avoir eu de relations avec Ali Agca.

Le sens du devoir accompli, le sens de l'honneur, ce sont les dimensions que Ali Agca veut donner au regard du Mouvement nationaliste. Alors qu'on lui conseille de quitter Istanbul vers Ankara, il retarde son voyage; il annonce son intention de régler d'abord le compte de ceux qu'il considère comme ses donneurs.

C'est un informateur qui, le 25 juin 1979, a permis d'arrêter Agca qui venait de s'installer au café Marmara. Le journal *Milliyet* et l'Union des journalistes turcs avaient offert une prime importante à celui qui permettrait l'arrestation de l'assassin d'Ipekci, mais personne ne s'est présenté. On peut toutefois imaginer que ceux qui ont permis l'arrestation d'Ali Agca ont tenté indirectement de se faire payer la prime qui avait été fixée. Sans doute, ont-ils pensé un certain moment que les risques étaient trop grands et ont-ils renoncé, mais on peut imaginer qu'ils n'ont pas manqué de se manifester au moins au niveau de la police.

L'un des hommes qui ont donné Ali Agca est un vendeur de billets de loterie Ramazan Gunduz qui travaille autour du café Marmara en juin 1979. Comment Ali Agca a-t-il connu l'identité de son donneur? Les réponses ne peuvent être recherchées en dehors des liens qui existent entre la police turque et les organisations fascistes.

Au nom du sens de l'honneur et pour parfaire son image de tueur qui défend la pureté de la mission du fascisme, Ali Agca prend avec lui quelques hommes et il se présente armé au café Marmara.

Ramazan Gunduz ne s'y trompe pas; lorsqu'il voit apparaître Ali Agca et son commando, il comprend qu'il est menacé. Il imagine une stratégie de fuite en criant très fort « Police! on est cerné par la police » il crée une bousculade indescriptible; Agca lui-même fuit par une porte de l'arrière du café et Gunduz croit avoir échappé à l'assassinat. La fuite est un sursis; Agca organise la chasse à l'homme avec les hommes qui l'entourent : Gunduz est finalement repris et exécuté dans une décharge d'ordures.

Cette exécution apporte bien des satisfactions à Ali Agca qui mesure sa toute-puissance en plein cœur d'Istanbul et qui apprécie l'aide précieuse des Loups Gris ainsi que la couverture dont il bénéficie. Il se met à croire à l'impunité.

Nous sommes en novembre 1979; la seule ombre à l'image qu'Ali Agca a voulu donner de lui-même c'est qu'il n'a pas pu réaliser l'attentat qu'il a promis dans sa lettre au journal *Milliyet* le 26 novembre 1979. La lettre a été publiée dans toute la Turquie; il a pris l'engagement public de tuer le pape. Tous ceux qui le connaissent savent qu'il ira jusqu'au bout de sa mission. C'est à cette date qu'il faut rechercher ses commanditaires; c'est d'ailleurs l'avis de Paul Hentze qui écrit :

– « Le complot contre le pape a pris forme le 26 novembre 1979 lorsqu'après son évasion, Ali Agca signifie son intention de tuer le pape [1]. »

Dès cette époque, les photographies, le signalement et tous les éléments susceptibles d'identifier Ali Agca sont diffusés par Interpol à travers le monde. Toutes les polices occidentales savent que l'homme est un tueur, qu'il s'agit d'un fasciste fanatique, que sa présence met en danger la vie du pape.

Monsieur Paul Hentze, lié aux services de la C.I.A. d'Istanbul et d'Ankara, entretient des liens étroits avec les fascistes turcs et le mouvement de Turkesh. Il ne peut ignorer que Ali Agca a été pris en charge par l'organisation fasciste. Il ne peut ignorer que Ali Agca bénéficiera de l'assistance des Loups Gris pendant sept mois à travers toute la Turquie, en toute impunité, il connaît l'aide qui est apportée par une police, complice dans la remise des passeports avec lesquels commencera son périple en Europe à partir de juin 1980.

---

1. The plot to kill the pape, p. 153.

***

A Istanbul, Ali Agca n'a pas terminé : il a identifié un autre donneur, un étudiant Haydar Seyrergah, Agca ne quittera pas Istanbul sans régler le compte de ce dernier qui est également exécuté.

***

Désormais, Mehmet Ali Agca accepte de quitter Istanbul. C'est Oral Celik encore une fois qui l'assiste et qui organise son voyage d'Istanbul à Ankara. Pour cela Oral Celik obtient le concours du frère de Mohamed Shener, celui qui avait armé Agca et organisé le meurtre d'Ipekci. Hassan Hussein Shener, le frère de Mehmet Shener, prend sa voiture : une Renault immatriculée 34 RL 601, un véhicule de teinte gris clair, et il pilote celui qui est considéré et qui se considère comme un héros du mouvement fasciste.

Hassan Hussein Shener, arrêté et jugé pour sa complicité dans l'évasion de Agca, est apparu comme subjugué par la personnalité du tueur. Manifestement l'homme qui s'est évadé de la prison de Cartal Maltepe est désormais très sûr de lui-même ; il se livre au prosélytisme. Les menaces qu'il a formulées à l'encontre du pape sont sans doute réitérées, d'autant que la déclaration est publiée en même temps que la photo d'Ali Agca, à la première page des grands journaux turcs.

143

Mustapha Dikici, un autre Loup Gris qui sera jugé pour sa complicité, déclare qu'effectivement Oral Celik et Ali Agca roulant à bord de la Renault 34 RL 601 de Hassan Hussein Shener lui ont demandé de trouver à Ankara un hébergement. Il précise qu'il n'a pas lui-même les moyens d'accueillir les deux Loups Gris, mais il réussit à les faire accueillir dans la maison d'un de ses parents : Nourredi Temur, un policier chargé de la garde de la présidence de la République. Mustapha Dikici prend soin de préciser que ce policier ne connaissait pas l'identité des deux Loups Gris qu'il hébergeait.

D'Ankara, Celik prend contact avec l'organisation des Loups Gris de la ville de Mevshehir. C'est l'un des bastions néo-nazis; les Loups Gris ont dans cette ville des liens étroits avec la police et la direction de la sécurité. C'est là que sont établis les faux passeports pour tous les terroristes d'extrême droite qui s'enfuiront vers l'Europe, notamment Mehmet Shener, Abdulah Chatli et Yomer Ay.

A Nevsehir, Mehmet Ali Agca est hébergé par un autre dirigeant des Loups Gris : Hamid Geokenc. On remet à Agca dans cette ville un premier passeport au nom de Geokenc, daté du 5 février 1981 et portant le numéro 248 711. Ce passeport émane de la direction de la sécurité de Malatya et il a une validité de six mois.

Sans doute ce passeport n'était-il pas du goût d'Agca qui se fait remettre par la direction de la police de Nevsehir un autre passeport au nom de Farouk Ozgun, numéro 136 635. Celui qui sera retrouvé à Rome.

Sans qu'on sache très bien pourquoi, l'organisation des Loups Gris demande au service de police de Nevsehir un troisième faux passeport sous le nom indien de Yoginder Singh.

Le 28 avril 1980, Ali Agca retrouve une nouvelle fois le vedettariat de la grande presse en Turquie en raison de sa condamnation à mort. Les Loups Gris l'accueillent à Erzurim et, de cette ville, il prend le départ pour l'Iran. Jusqu'au 30 août 1980, les journalistes turcs qui se livrent à une enquête serrée perdent la trace d'Ali Agca. Combien de temps est-il resté en Iran? Quelle ont été les difficultés qu'il a rencontrées et qui l'ont contraint à renoncer à rejoindre l'Europe à partir de la capitale iranaise? Quelles sont les organisations qui, en Iran, l'ont accueilli et protégé? Nul jusqu'à présent n'a pu fournir des réponses satisfaisantes; la seule certitude c'est que Ali Agca se trouva dans l'impossibilité de rejoindre l'Europe occidentale et qu'il fut contraint de revenir en Turquie.

Sur le séjour en Iran, Hentze a bâti une hypothèse d'une autre nature; il ne dispose bien entendu d'aucun commencement de preuve, mais pour ancrer l'idée d'une manipulation du K.G.B., il affirme que Agca a traversé l'Iran pour suivre un stage dans un camp de terroristes à Simferopol, en Crimée. Il attribue toutefois la paternité de cette hypothèse à l'un de ses confrères de la C.I.A. Franck Terpil.

Lorsque Ali Agca se présentera à la frontière bulgare pour rejoindre l'Occident, il y aura déjà sept mois qu'il circule en Turquie en toute impunité, sous la haute protection de l'organisation fasciste des Loups Gris. Son emploi du temps a été reconstitué avec précision, ses moyens de transport ont été vérifiés, la complicité des services de police a été établie notamment par la remise des passeports. Tous les faits ont été évoqués lors des audiences au cours desquelles ont été jugés, puis condamnés, ceux qui ont organisé la fuite d'Agca et qui l'ont assisté dans ses déplacements en Turquie.

Le journaliste Ugur Mumcu, chef du bureau d'Ankara du quotidien *Cumhurriyet*, a suivi pas à pas les activités d'Agca en Turquie depuis son départ de l'Anatolie, et cet homme qui n'a pas de sympathie particulière pour les pays de l'Europe de l'Est, arrive à une conclusion qui ne peut laisser place à aucune des hypothèses américaines. Dans un livre publié en Turquie, Monsieur Mumcu écrit :
– « Idéologiquement, Agca est un idéaliste de droite. Ceux qui l'ont tiré de prison sont des idéalistes de droite, il en est de même de ceux qui l'ont hébergé... Agca est un représentant de la droite et un fanatique musulman. »

Pendant ce long séjour de sept mois en Turquie alors qu'il est recherché par toutes les polices, Ali

Agca est couvert par l'organisation fasciste des Loups Gris. Toutefois ses parrains ne l'oublient pas; les versements s'effectuent régulièrement sur son compte en banque. Par ailleurs, lors d'un procès devant la cour d'assises, un accusé, Hicabi Kocyigit, employé des services de renseignements turcs (le M.I.T.), apporte un élément complémentaire; c'est le journal *Milliyet* du 10 février 1981 qui rapporte les propos de l'accusé Kocyigit; celui-ci précise : « Après le meurtre d'Ipekci, j'ai rencontré Ali Agca au domicile de Ferhat Kaja. J'y étais envoyé comme représentant des forces de sécurité. Je devais remettre à Ferhat Kaja un dossier qui contenait des instructions pour des actions qui devaient être faites ainsi que 35 000 livres turques. Ferhat Kaja a remis le dossier avec les instructions à Mehmet Ali Agca. »

Le journal *Milliyet* rappelle que la rencontre entre Kocyigit et Agca se situe après le meurtre d'Ipekci et avant l'arrestation d'Ali Agca.

Kocyigit précise qu'au cours d'une rencontre avec Ali Agca dans une base des services de renseignements à Ankara, il a remis 600 000 livres turques, se réservant pour lui-même 1 500 livres. Il a précisé que sa mission était de demander à Agca de se montrer patient, de ne rien dire au sujet de ses complices dans le meurtre d'Ipekci s'il était arrêté et que, de toute façon, son évasion était organisée.

Ce témoignage mérite aussi d'être évoqué, car les versements effectués au profit d'Ali Agca sont, ou bien ceux des parrains de la mafia qui paient des « services », ou bien ceux des « renseignements turcs » qui assurent à leurs agents des rémunérations régulières. Dans l'un et l'autre cas, les hommes de l'organisation des Loups Gris agissent comme mandataires.

* *

Le premier septembre 1980, Ali Agca est en Allemagne fédérale où il est accueilli par ses amis Shener et Celik, sous la protection de l'organisation fasciste qui porte le nom de « Mouvement idéaliste ».

Il est évident que pour se rendre de Turquie en Allemagne, Ali Agca a emprunté l'itinéraire qui est suivi annuellement par près de 2 millions de Turcs dans les deux sens et qui consiste à traverser le territoire bulgare.

Les renseignements fournis par Paul Hentze et Claire Sterling précisent que le passeport de Ali Agca qui a été retrouvé à Rome, porte deux dates : une date d'entrée qui figure sur le tampon des services de douanes turques : cette date est le 30 août 1980. Les services de douanes bulgares ont porté un autre tampon à la sortie du territoire : cette date est le 31 août 1980. Ce document paraît établir que Ali Agca a traversé la Bulgarie en une journée comme le font des milliers de Turcs qui traversent le territoire bulgare.

Bien entendu, le passeport et les dates portées à

l'entrée et la sortie du territoire bulgare, ne conviennent pas aux tenants de la thèse de la filière bulgare. D'où une nouvelle thèse selon laquelle les dates du passeport n'auraient aucune signification; c'est ce qu'affirment les deux journalistes américains; Mehmet Ali Agca, lors de son périple vers l'Occident serait demeuré, de juillet à août, pendant 50 jours à Sofia, dans la capitale bulgare, et il aurait rencontré dans un grand hôtel, l'hôtel Vitocha, les hommes avec lesquels il aurait organisé l'attentat du pape. Tels seront d'ailleurs les aveux tardifs d'Agca.

*
* *

Il n'existe aucun témoignage, aucun document susceptible de conforter la thèse d'un long séjour d'Ali Agca en Bulgarie. En revanche, les certitudes recommencent lorsqu'on suit la trace d'Ali Agca en Allemagne de l'Ouest. Jusqu'au 9 septembre il est à Bonn, du 9 au 12 septembre, il est à Zürich en Suisse à l'hôtel Rietli.

Son retour en Allemagne fédérale, le 13 septembre, ne passe pas inaperçu; les services turcs informent l'ambassade turque à Bonn. Elle notifie au ministère allemand la présence d'Ali Agca en Allemagne de l'Ouest.

La vie d'Agca et ses relations en Allemagne de l'Ouest ont été évoquées d'une façon remarquable dans l'enquête du journaliste soviétique Yona Andronov, intitulé « Sur la piste des Loups ». Après avoir rencontré le journaliste turc Mumcu, Andronov écrit :

– « Rappelez-vous du nom de Ruzi Nazar, m'a-t-il recommandé. C'est un agent qui assure depuis de longues années la liaison entre la C.I.A. et les Loups Gris. Avant d'assumer cette fonction, Ruzi Nazar opérait à Ankara, sous le couvert d'un emploi à l'ambassade des U.S.A. Ruzi Nazar a ensuite séjourné en Allemagne fédérale où les Loups Gris ont pris dans leurs filets et rackettent des dizaines de milliers de travailleurs immigrés turcs – hommes et femmes. En 1980, fut interceptée en Turquie une lettre adressée au chef des Loups Gris par Agca, évadé en R.F.A. C'est là que les chefs locaux des Loups Gris avec lesquels l'agent de la C.I.A. Nazar avait eu des contacts et c'est là qu'ils l'avaient pris sous leur protection. Nazar sait mieux que quiconque, qui inspire et comment sont téléguidés les actes terroristes d'Agca.

– En avez-vous informé les autorités italiennes pendant votre séjour à Rome?

– Oui, mais le juge Martella est resté de marbre.

– Avez-vous essayé de rencontré personnellement Nazar?

– Oui, en R.F.A. a répondu Mumcu. – Mais en vain. Nazar se méfie des journalistes. Il a jeté l'ancre à Bonn où il travaille à l'ambassade des U.S.A.... Actuellement il est responsable des relations de la C.I.A avec les Loups Gris. »

Une semaine plus tard, je m'envolais pour l'Allemagne fédérale.

Après avoir parcouru des centaines de kilomètres et interrogé des dizaines de personnes à Sofia,

LA FILIÈRE

Istanbul, Ankara, j'ai rencontré enfin à Francfort-sur-le-Main, celui qui avait si soigneusement tissé la toile des charges de la police et qui avait prouvé par qui, où, comment et à quel prix, le terroriste Agca avait été payé pour qu'il attentât à la vie du pape à Rome, le 13 mai 1981. Par une méchante ironie du sort, le patron d'Agca et l'homme qui l'avait démasqué se sont avérés être voisins à Francfort : le domicile du premier se trouvait dans la Gutleistrasse, et celui du second, non loin de là, dans la Gerichtstrasse.

La Gerichtstrasse est une ruelle qui offre pourtant une particularité sinistre; c'est là que s'élève le vieil édifice, tout en pierre, de la prison de la ville. Et juste à côté se dresse l'édifice à plusieurs étages du Palais de Justice. Là, j'ai demandé audience à Hans Hermann Eckert, procureur général de l'État de Hesse.

Dans le hall du Palais de Justice de Francfort étaient exposées les photos d'identification des plus dangereux terroristes toujours en liberté. En guise de mesure préventive, le garde du premier étage contrôlait les documents de chaque visiteur. Moi, je devais monter au septième étage, et, à la sortie de l'ascenseur, je me suis trouvé devant une cloison d'acier, avec un guichet de verre blindé. Le factionnaire prit ma carte d'identité par un orifice spécialement pratiqué, et, après avoir comparé mes traits à la photo figurant sur mon passeport, s'éloigna pour procéder de toute évidence à une autre vérification. Puis la cloison en acier s'écarta sans bruit. Le factionnaire, après m'avoir fait signe, me conduisit par un étroit corridor jusqu'au cabinet du procureur général. Hans Eckert était un homme lourd, de grande taille, massif, aux cheveux grisonnants, au sourire mou, d'une amabilité de circonstance et au regard pénétrant.

– Est-il vrai, Herr Eckert, que vous avez démasqué le chef d'Agca, le leader des Loups Gris turcs, en R.F.A?

– Je n'ai pas grand mérite dans ce cas – précisa modestement le procureur. – Au cours des interrogatoires à Rome, Agca avoua que Musa Serdar Celebi, leader des nationalistes turcs en Europe occidentale, lui transmit verbalement l'ordre de tuer le pape Jean-Paul II. L'état-major des Nationalistes se trouve à Francfort, à Gutleistrasse. C'est là que sévissait Celebi que nous avons arrêté plus tard. Au début, il niait avoir donné cet ordre à Agca. Mais plus tard, sous le poids des charges qui pesaient sur lui, il avoua qu'il avait rencontré Agca à deux reprises, la veille de l'attentat du Vatican.

– Où et quand précisément?

– La première fois à Milan, en décembre 1980, et la deuxième à Zürich au mois de mars 1981.

– Dans quel but se rencontraient-ils?

– Celebi a avancé une somme assez conséquente à Agca et lui a promis de lui verser plus d'un million de dollars après l'assassinat du pape.

– D'où est-ce que Celebi peut-il disposer d'une aussi grosse somme et qu'est-ce que les Loups Gris attendaient de l'assassinat du pape?

– Ce n'est pas de mon ressort – fit Eckert qui se renfrogna. Nous n'avions que prouvé la culpabilité

152

de Celebi et l'avons remis aux autorités italiennes. C'est le juge Martella qui mène l'enquête contre Agca. C'est son affaire de continuer plus loin.

En se reposant sur son confrère italien, Eckert essayait de toute évidence de couper court, dès le début, à toute question concernant les généreux protecteurs des Loups Gris...

... Après avoir pris congé d'Eckert, je suis allé recueillir auprès de différentes personnes compétentes les renseignements sur les Loups Gris en Allemagne fédérale qu'il avait passés sous silence. J'ai dû, de nouveau, du matin au soir, parcourir les villes inconnues, frapper à différentes portes, lier de nouveaux contacts et rassembler morceau par morceau les débris de la mosaïque criminelle d'un complot terroriste pas encore élucidé...

... Düsseldorf. Lichtstrasse n° 31. Sur le mur, à côté de l'entrée, une enseigne portant l'inscription F.I.D.E.F. Il s'agit du sigle de l'organisation sociale « Fédération des sociétés des ouvriers turcs en R.F.A. ». Un escalier en colimaçon conduit à l'étage où se trouvent les locaux et, au second étage il y a une lourde porte blindée avec un judas. Mais on me laisse entrer sans difficulté. Trois jeunes hommes au teint mat me serrent cordialement la main. A ma question :
– Pourquoi vous barricadez-vous ?
– Nous sommes traqués par les Loups Gris – m'a répondu un costaud moustachu. Ils assassinent les

activistes de la F.I.D.E.F. Mais nous n'avons pas peur d'eux et nous ne leur pardonnons guère. Au sein du million et demi d'ouvriers turcs en R.F.A., il existe 60 sections de notre organisation démocratique. Dans leur lutte contre nous, les Loups Gris jouissent du soutien des autorités locales qui se servent des bandes fascistes turques pour diviser et assujettir les ouvriers turcs qui se trouvent ici.

Mon interlocuteur s'appelle Hasan Ozan; c'est le président de la F.I.D.E.F. Il continue son récit sur les Loups Gris en R.F.A. :

– Ils empoisonnent les consciences des ouvriers turcs opprimés qui se trouvent dans ce pays, en développant une propagande chauvine et belliqueuse, mêlée d'obscurantisme religieux. Les Loups Gris se font passer pour les défenseurs des Turcs en Europe occidentale; ils prélèvent de lourds tributs sur les communautés turques isolées. De plus, ils s'occupent de trafic international d'armes et de stupéfiants qui leur rapporte gros. Et les autorités ferment les yeux sur cette activité car le leader des Loups Gris Turkesh avait officiellement déclaré, lors de sa visite en R.F.A. en 1978 :

– « Chaque mark que nous recevons ici est une balle tirée contre les communistes! »

Mais voilà que le chef européen des Loups Gris, Celebi, nommé par Turkesh a échoué lors de la remise de l'argent destiné à l'attentat contre le pape.

Voilà où a mené l'encouragement de la terreur anticommuniste.

– Que savez-vous de l'accord entre Celebi et Agca?

– Dès l'automne de 1980, me dit Ozan, nous

avions été avisés à titre confidentiel par des compa-
triotes vivants à Francfort-sur-le-Main, qu'Agca
avait été aperçu aux environs du quartier général
des Loups Gris dans cette ville rue Gutleistrasse.
Mais dans leur tanière, il y a d'autres chefs que
Celebi. Celui-ci n'est en quelque sorte, que le leader
de « façade », tandis que le véritable boss des Loups
Gris se tient dans l'ombre, c'est Enver Altayli. Ce
terroriste, condamné en Turquie, dispose souverai-
nement de tous les fonds des fascistes turcs en
Europe occidentale. Atlayli dirige également la
propagande des Loups Gris et surveille leurs rapports avec la police de la R.F.A. Celebi n'aurait
certainement pas pu engager Agca sans son consentement, ni financer l'attentat du Vatican.

– Que devait rapporter cet attentat aux Loups
Gris?

– Cela reste toujours un mystère pour l'instant.
Les Loups Gris sont effectivement des nazis et des
brigands, mais ils n'avaient aucune raison valable de
s'en prendre au pape de Rome. Cet attentat a
maintenant sapé toutes leurs opérations en Europe
occidentale. Quel besoin avaient-ils de ce véritable
suicide politique? Cela est totalement incompréhensible...

... Bad Godesberg, dans la banlieue de Bonn. Au
23 de la rue Meisangarten, se trouve le bureau du
correspondant du journal *Milliyet* d'Istanbul dont le
rédacteur en chef fut assassiné par Agca il y a
quatre ans. Depuis lors, Orsan Oymen, le correspondant du *Milliyet* en R.F.A., a constitué tout un

fichier sur les activités criminelles d'Agca et de ses acolytes. Il contient des indications de témoins, des copies de rapports et des documents de police, des copies de notes de service des polices secrètes turque, ouest-allemande et italienne.

– Depuis novembre 1980, Agca vivait clandestinement en R.F.A. – me confie le journaliste turc. Notre ambassade en R.F.A. a signalé à quatre reprises aux autorités de Bonn, par des notes verbales, l'apparition d'Agca, constatée par nos gens, dans diverses localités entre Francfort-sur-le-Main et Münich. La police de la R.F.A. a été également avertie des rencontres d'Agca avec Celebi, le chef des Loups Gris, à Francfort-sur-le-Main. A cette époque, Celebi avait eu une violente altercation avec deux autres chefs des Loups Gris. Les conséquences de cette dispute entre Celebi et ses rivaux ont été relatées par la suite dans une dépêche des services du contre-espionnage ouest-allemand, adressée aux organes d'instructions italiens :

– « Le 25 novembre 1980, dans la ville de Kempten, le citoyen Turc Necati Uygur a été tué avec un pistolet. Le 24 février 1981, dans la ville de Hildesheim, le citoyen turc Yusuf Ismailoglu a été grièvement blessé par une arme à feu et il est mort trois jours plus tard. La participation d'Agca à ces assassinats n'est pas exclue. »

Il s'ensuit donc que, depuis l'automne 1980, le chef des Loups Gris en Allemagne fédérale Celebi avait indiqué à Agca sur quelle cible braquer son pistolet. Néanmoins, Celebi n'aurait pu en aucun cas être l'instigateur de l'attentat de Rome, car après avoir quitté la Turquie, il vit depuis 1978 en

R.F.A., alors qu'entre-temps Agca qui avait assassiné le rédacteur en chef du *Milliyet* à Istanbul en 1979, annonçait impudemment son intention de tuer le pape. Il est évident que ceci ne pouvait avoir été suggéré par Celebi. En outre, comme l'a établi la police, la somme d'un million de dollars destinée à la rémunération d'Agca, n'était pas réunie dans la trésorerie ouest-allemande des Loups Gris, chez Celebi. Il semble que le complot ait été ourdi et financé par quelqu'un d'autre.

Analysant avec moi ces circonstances, le correspondant du *Milliyet* à Bonn note :

– « Le gardien des secrets des Loups Gris en R.F.A., c'est le fasciste turc Enver Altayli auquel est en fait subordonné leur chef apparent Celebi. Selon mes renseignements, Altayli collabore avec la C.I.A. Paul Hentze, un vétéran haut placé de la C.I.A., ancien résident des services secrets américains en Turquie, entretient depuis longtemps des contacts étroits avec lui. Hentze agit à partir des États-Unis, tandis que son collaborateur : Nazar, s'est installé à Bonn sous le couvert d'une fonction à l'ambassade des États-Unis.

Ruzi Nazar, ce nom m'avait déjà été cité, à Ankara, par le journaliste bien informé qui a ses entrées jusqu'à l'antichambre des services secrets turcs. Suivant ses renseignements, Nazar assure la liaison entre la C.I.A. et le quartier général des Loups Gris en R.F.A. et surveille directement les complices d'Agca dans leurs aventures...

...Wiesbaden, 164, Deutschheimerstrasse. L'antenne ouest-allemande de l'organisation américaine subversive appelée " Nouvelle Solidarité ". La spécialité du bureau de Wiesbaden c'est l'infiltration dans les rangs des mouvements pacifistes et le noyautage des groupements de jeunes à tendance de gauche, leur espionnage et leur décomposition. La propagande antisoviétique intensive est la principale méthode de diversion. C'est l'Américain Goldstein, porteur du titre plutôt étrange d' " expert européen du contre-espionnage " qui est chargé de ce travail. Auparavant Goldstein résidait à New York. Il s'est souvenu du correspondant à New York de la *Literatournaya Gazeta*, lorsque, sans le prévenir, je suis allé dans son officine suspecte à Wiesbaden.

De l'avis de ses maîtres à New York, Goldstein a un défaut extra-professionnel : il hait les fascistes. Pour Goldstein, l'antisoviétisme est un business, une façon de gagner des dollars. Sa haine des nazis tient à une animosité passionnelle puissante, suscitée visiblement par la soif de venger ses coreligionnaires européens, victimes des atrocités commises par les devanciers des fascistes actuels. Résidant actuellement à Wiesbaden, il connaît par cœur les noms et les biographies des survivants nazis, des fascistes turcs immigrants et de beaucoups d'autres, issus de l'ordure brune des différents pays. Il connaît aussi Ruzi Nazar et m'en a parlé, bien que Nazar soit un homme de la C.I.A.
– Ruzi Nazar – a déclaré Goldstein – travaille officiellement dans notre ambassade à Bonn. Cependant son emploi diplomatique est secret. Sur l'ordre de la C.I.A., il contrôle en secret le quartier général des Loups Gris à Francfort. L'arrestation de Celebi ne lui a pas valu d'ennuis; il exerce une grande influence sur les Loups Gris en Allemagne fédérale

par l'intermédiaire de leur chef occulte Altayli. Nazar lui-même est un as du terrorisme. C'est un criminel de guerre. Pendant la Seconde Guerre mondiale, il déserta l'armée soviétique, si fit enrôler comme bourreau dans les armées de la SS, et après l'effondrement du Troisième Reich, il passa au service de la C.I.A.

Je n'avais pas particulièrement confiance en Goldstein, alors j'ai vérifié plus tard ce qu'il m'avait raconté à propos des crimes de Nazar. Je constatai qu'il avait dit vrai. Pendant l'hiver de 1941, le traître Oumourzarov, alias Nazarov, alias Nazar, passa du côté des Allemands sur le front soviéto-allemand. La Gestapo l'enrôla comme bourreau avec ceux qui torturaient et tuaient, derrière les fils barbelés, les communistes et les Komsomols déte-nus. En 1942, à l'automne, il fut promu au rang de commandant en second du camp de concentration pour prisonniers de guerre dans le secteur de Roujitchniansk, dans la région des Kamenets Podolsk. Plus tard, avec d'autres traîtres, les fascis-tes l'affectèrent au bataillon punitif " la légion du Turkestan ".

Ce détachement de la SS était chargé de la " chasse " aux partisans soviétiques et de semer la terreur au sein de la population sans défense dans les territoires occupés. Les légionnaires SS s'achar-naient sur tous ceux qu'ils suspectaient d'aider les partisans, les soumettaient à d'atroces tortures, les fusillaient ou les pendaient. Nazar commandait une compagnie d'assassins. Les nazis le décorèrent et l'élevèrent au grade de sous-lieutenant, en raison de son sadisme inné et de son exceptionnel dévouement.

Durant l'été de 1944, Nazar fut envoyé à Berlin avec une nouvelle mission : constituer un réseau d'espionnage qui agirait plus tard à l'arrière du front sud de la Wehrmacht en retraite. Un an plus tard, le Reich était en ruines. Nazar réussit à passer dans la zone d'occupation américaine avec la liste de ses agents, et à se vendre à l'espionnage américain. A Münich, pendant les années 50 en tant qu'officier de la C.I.A., il recrutait des cadres pour les écoles d'espionnage des U.S.A. et prenait part à l'occasion aux émissions de la radio " la voix de l'Amérique ". A cette époque il fit la connaissance du conseiller politique de la radio de la C.I.A. " Europe libre " : Paul Hentze qui, comme lui, s'occupait non seulement de la " guerre froide ", mais aussi de l'envoi d'espions et de terroristes dans les pays socialistes, espions qu'ils recrutaient dans les milieu des anciens adulateurs du nazisme et des criminels de guerre.

En 1959, Nazar et Hentze se rendirent tous les deux à Ankara. Les deux espions de la C.I.A. se faisaient passer pour des diplomates : Hentze pour un conseiller, et Nazar pour un attaché d'ambassade des U.S.A. en Turquie. Tous les deux se firent un devoir d'exciter les sentiments profascistes des réactionnaires turcs. En, 1974, Hentze devint résident général de la C.I.A. en Turquie. Entre-temps, Nazar fut muté à Bonn. Chacun de leur côté, les deux agents s'occupent du même travail. A Ankara, Hentze prend sous sa protection Turkesh, le Fürher des nazis turcs et sa bande des Loups Gris. De l'ambassade des U.S.A. à Bonn, Nazar donne ses instructions à Altayli, le leader des bandes ouest-européennes des Loups Gris. En 1976, la police turque interceptait deux messages de Altayli à Turkesh, dictés par Nazar, avec la recommandation de préparer le renversement du gouvernement turc d'alors. Ceci vient confirmer que les Loups Gris agissent sous la direction de la C.I.A., tant en Turquie, qu'en Europe occidentale.

– Nazar ne pouvait pas ne pas être au courant de l'ordre donné à ses séides : les Loups Gris, de tuer le pape – affirme Goldstein. »

Ainsi l'enquête d'Andronov confirme la présence d'Agca en Allemagne de l'Ouest dans les rangs fascistes. Par deux fois Agca est soupçonné d'avoir pris une part active à des assassinats : tout d'abord le 25 novembre 1980 lorsque le Turc Nercat Yugur est tué au pistolet dans la ville de Kempten, puis le 24 février 1981 dans la ville d'Hildesheim lorsque le Turc Yusuf Ismaloglu est mortellement blessé une nouvelle fois par une arme à feu. Après ces meurtres, Ali Agca quittera l'Allemagne de l'Ouest pour la Tunisie et l'Italie. Le 11 décembre, l'ambassade turque à Bonn notifie officiellement au ministère des Affaires étrangères d'Allemagne fédérale que Agca a de nouveau été vu à Berlin-Ouest.

Le 15 décembre, Mehmet Ali Agca rencontre Musa Celebi, chef des Loups Gris de R.F.A. On trouve sa trace du 15 au 19 décembre à la « Pension Iberia ». On le retrouve en Italie, le 26 décembre 1980, puis le 11 janvier 1981, à l'hôtel Archimède les 18 et 19 janvier, puis, les 28 et 30 janvier, à Rome à la pension Isa.

En février il est à Milan et il repart pour la Suisse en passant par l'Autriche. En mars 1981 il est en Suisse et il rencontre Bagci, dirigeant des Loups Gris.

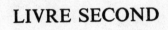

LIVRE SECOND

CHAPITRE PREMIER

LE JUGE MARTELLA :
L'INFORMATION SE LÈVE À L'OUEST

Nous avons souligné le rôle tout à fait exceptionnel de M. Paul Hentze et de Mme Claire Sterling
dans la présentation de la filière bulgare.

Tous les deux ont été envoyés en mission par le
Reader's Digest dans les jours qui ont suivi le procès
d'Ali Agca et, alors que Mme Sterling s'installe en
Italie, son collègue Paul Hentze rejoint la Turquie.
M. Paul Hentze connaît bien Istanbul puisque,
pendant les années 1970, ainsi que le rappelle Ugur
Muncu, le rédacteur du journal *Cumhurriyet*, Paul
Hentze dirigeait les services de la C.I.A. en Turquie. Il avait comme collaborateur Ruzi Nazar, ce
même homme que nous retrouvons ensuite dans les
services de l'ambassade des U.S.A. en Allemagne
de l'Ouest et qui, déjà à Ankara, était plus particulièrement chargé de la tutelle des Loups Gris.

Paul Hentze et Claire Sterling ont reçu la mission
de porter dans l'opinion cette thèse déjà évoquée en
juillet 1979 au Concile du Jonathan Institute,
en présence de M. Kissinger et selon laquelle le
terrorisme, qu'il soit de droite ou de gauche, a pour

mission de déstabiliser l'Occident; en conséquence il est toujours infiltré, soutenu et encouragé par les services secrets des pays de l'Est en premier lieu par le K.G.B. qui utilise les services secrets bulgares.

La filière bulgare est évoquée pour la première fois le 26 juin 1981, alors que Agca n'est pas encore jugé par la cour d'assises italienne, devant la Sous-Commission Sécurité et Terrorisme au Congrès Américain. C'est à cette époque que la C.I.A. décide d'envoyer à Ankara un « chercheur » avec la mission d'établir les liens entre Mehmet Ali Agca et la Bulgarie : ce chercheur journaliste c'est Paul Hentze. [1]

Paul Hentze devait recueillir les éléments qui serviraient de base au travail de Mme Claire Sterling qui est présentée comme la « marraine » de James Angleton l'ancien dirigeant de l'espionnage de la C.I.A. et de William Compy ex-directeur de cette même C.I.A.

Pour travailler, Paul Hentze dispose d'éléments de première main : sa parfaite connaissance de la droite turque et des milieux terroristes qui en constituent le bras armé, ses liens avec des personnalités des services de renseignements turcs, des Loups Gris et de la mafia turque. Il reçoit, au surplus, les informations qui seront données par un collaborateur de la C.I.A. : M. Franck Terpil [2]

1. Il s'agit d'un chercheur de l'université de Georgetown et du CICS.
2. La personnalité de Franck Terpil et son rôle particulier ont été évoqués par le journal irlandais *Sunday Press* du 27 mars 1983.

qui semble avoir été plus spécialement chargé de suivre les activités d'Agca depuis l'Allemagne jusqu'à l'accomplissement de son acte criminel à Rome, mais qui a mystérieusement disparu.

Paul Hentze dispose également des matériaux précieux que lui communique Ruzi Nazar, diplomate américain en poste en Allemagne et qui fut son collaborateur lorsque Paul Hentze représentait la C.I.A. à Ankara.

Ruzi Nazar est très connu en Turquie et le journal turc *Cumhurriyet*, le 11 mai 1981, trois jours avant l'attentat de la place Saint-Pierre, attirait l'attention de l'opinion sur les liens étroits des services de l'ambassade américaine à Istanbul avec la jeunesse du parti du Mouvement nationaliste dont le président était Abdoulah Chatli : celui-là même qui plus tard sera identifié pour avoir hébergé Mehmet Ali Agca après son évasion de la prison de Cartel Maltepe.

Ruzi Nazar a une personnalité étrange. Il est également lié au Fürher du parti néo-fasciste : A. Turkesh. On le retrouve en R.F.A. en relation étroite, cette fois-ci, avec le leader des Loups Gris dans ce pays, le Turc Celebi, qui est encore impliqué dans l'affaire de l'attentat contre le pape.

La longue vie internationale de Ruzi Nazar a été évoquée dans l'article de Yona Andronov (livre I, chapitre VI).

LA FILIÈRE

En collaboration avec Hentze et Nazar, Mme Claire Sterling est donc bien placée pour recueillir les éléments qui, au terme de sa « longue » enquête, devaient lui permettre de rédiger en août et septembre 1982, l'article du *Reader's Digest,* sur la filière bulgare.

Madame Claire Sterling, journaliste en mission, voit son travail particulièrement facilité en raison des portes qui lui sont ouvertes en Europe auprès des services policiers de renseignements.

Elle nous confie, au fil de son ouvrage – Le temps des assassins – publié en 1984, ses entretiens avec les « services » de polices occidentales. Même si l'on est journaliste de renom, on a peu de chance d'obtenir que les portes soient si complaisamment ouvertes chez les responsables au plus haut niveau.

Elle écrit dans son livre
– « Avec les trois commissaires du D.I.G.O.S. (rien de moins) je tenais une première occasion de vérifier mes soupçons » (p. 36).

– « Au quartier général de la loi martiale à Malatya... un jeune capitaine avenant nous fit asseoir devant un poêle chauffé à blanc, commanda du thé et téléphona à la capitale pour vérifier nos autorisations » (p. 54).
– « Mes interlocuteurs étaient des hauts fonctionnaires du célèbre Bundeskriminalamt à Wiesbaden » (p. 72).
– « Les collaborateurs du S.I.S.M.I. ont été sidé-

rés de s'entendre accuser de mensonges » (p. 246).

– « Un général très haut placé du S.I.S.M.I. me dit qu'aucun service de renseignements occidental ne collaborait activement et sans réserve à l'enquête » (p. 247).

* *
*

Il existe une autre source privilégiée d'informations : les liens de Mme Sterling avec le juge Martella. Elle suit l'information au jour le jour comme le ferait un substitut, au point qu'on se demande s'ils ne vivent pas sur le même palier. Le juge Martella ne peut guère s'en plaindre, tant il bénéficie d'une image complaisante; la journaliste en est très souvent à partager les réactions les plus subjectives du magistrat :

– « La nouvelle enquête fut confiée au juge Martella, un homme prudent, effacé, connu pour garder les yeux ouverts derrière ses épaisses lunettes et la bouche cousue » (p. 23).

– « Le juge Martella qui semblait doué d'une infinie patience, était peut-être disposé à attendre. Moi pas » (p. 52).

– « Avant de partir, je fis un saut chez le juge Martella. Passer voir le juge faisait partie des opérations de routine, ne serait-ce que pour se rendre compte de son humeur » (p. 86).

– « Je fis une ultime tentative auprès du juge Martella, tentative si infructueuse que je me demandais si le juge y avait renoncé » (p. 142).

– « Le juge Martella me raconta qu'il avait fallu huit mois : de février à octobre 1982 – pour que les autorités américaines lui permissent de se rendre aux États-Unis pour consulter le F.B.I. et interroger certains témoins » (p. 248).

Ces relations suivies avec le juge sont d'autant plus surprenantes qu'à de multiples reprises, Mme Sterling réaffirme que « soumis au secret de l'instruction, le juge Martella ne pouvait parler de l'affaire qu'avec les autorités judiciaires compétentes » (p. 184).

On ne sera guère surpris lorsqu'en juin 1984 le rapport secret du procureur Albano sera publié par Mme Sterling dans le *New York Times*.[1]

Revenons sur le périple d'Agca.
— « Rentré à Erzurum, Agca est accueilli par un étudiant : Timur Selcuk qui l'héberge pendant la nuit et à qui il demande de trouver un moyen pour passer la frontière. Selcuk indique que les frais sont payés par l'entreprise Tümpas. Cette entreprise comprend parmis ses associés le Turc Celebi : celui qui dirige les Loups Gris à Francfort-sur-le-Main en R.F.A.[2] »

Cette société Tümpas dans laquelle sont associés des activistes d'extrême droite, illustre les liens étroits qui existent entre les Loups Gris et la mafia turque.

---

1. Mme Sterling fait désormais l'objet d'une inculpation pour avoir divulgué des documents soumis au secret de l'instruction.
2. Paul Hentze, p. 160.

LA FILIÈRE

Ugur Mumcu s'est consacré avec opiniâtreté à rechercher et dénoncer les « parrains » de la mafia.

Il a démontré les liens profonds entre les trafiquants et l'extrême droite. Son travail de journaliste a contraint les militaires au pouvoir à demander à l'Allemagne l'extradition de Abuzer Ugurlu arrêté en mars 1981 pour trafic de stupéfiants.

Paul Hentze et Claire Sterling n'ignorent pas qu'Agca lui-même est apparu dans la comptabilité d'un « parrain » et que les hommes auxquels il est associé : Shener, Omer Ay, Celik, Celebi ont des relations permanentes avec les milieux turcs qui organisent l'approvisionnement de l'Europe en stupéfiants et la vente d'armes au Moyen-Orient.

De là, l'idée simple qui germe dans l'esprit des deux chercheurs américains : l'extrême droite turque est liée à la mafia, il existe une connexion entre la mafia turque et les services secrets de Bulgarie; les terroristes turcs sont donc des agents manipulés par le K.G.B. au travers des services secrets bulgares.

Le syllogisme a toujours un impact dans l'opinion, même s'il repose sur des contrevérités. Le point faible n'échappe pas : comment établir la collusion entre la mafia turque et les services secrets bulgares?

Le procédé choisi pour convaincre repose sur d'autres affirmations, les unes objectives, les autres sans fondement.

LA FILIÈRE

Tout d'abord, la Bulgarie ouvre chaque année ses frontières à quelques deux millions de Turcs, et à des milliers de poids lourds qui transitent entre Istanbul et l'Europe. Pour la plupart, ils traversent le territoire bulgare en une journée – les routes sont excellentes – d'autres convois, une infime partie, font étape. Les voyageurs plus fortunés peuvent choisir les grands hôtels de Sofia : Hôtel Moscou, Hôtel Vitoscha, Grand Hôtel Sofia, Grand Hôtel Balkan. La place privilégiée de la Bulgarie entre l'Europe et le Moyen-Orient, l'excellent équipement des hôtels internationaux incitent les milieux d'affaires à se rencontrer à Sofia. C'est une bonne chose pour améliorer les rentrées de devises en Bulgarie.

On peut rencontrer dans les halls de ces palaces, les milieux d'affaires anglais, allemand, autrichien, américain, mais aussi les négociateurs du Moyen-Orient et du monde arabe. Cette faune des grands hôtels est la même, aussi bien à Sofia qu'à Londres ou à Paris.

L'autre réalité est, bien entendu, que les milieux d'affaires traitent de tous les échanges entre l'Europe et le Moyen-Orient et que les hommes qui appartiennent au trafic international des armes ou même de la drogue, peuvent se mêler à la clientèle sans qu'il soit possible de discerner la nature de leur activité.

On peut tout de même supposer que la police bulgare y trouve parfois de précieux renseignements.

172

Donc, rien ne peut interdire à un homme d'affaires turc : Bekir Celenk, installé en Autriche, de faire escale à Sofia, d'y aménager des rendez-vous et de négocier des affaires. Tout cela est possible, même s'il est vrai, comme l'affirme Mme Sterling que Celenk a une place dans le trafic international et qu'il est lié à Ugurlu, chef de la mafia turque.

Rien ne peut non plus exclure la présence à Sofia de Mersan un autre importateur-exportateur installé à Münich qui dirige la société Vardar Corporation dont on affirme qu'elle est l'une des couvertures internationales du même trafiquant : Abuzer Ugurlu.

En revanche il devient tout à fait fantaisiste d'affirmer que la présence de ces hommes d'affaires dans les palaces internationaux de Paris, Londres ou de Sofia, apporte la preuve d'une connexion internationale des polices de France, d'Angleterre et de Bulgarie.

Madame Claire Sterling comprend toute la faiblesse de son argumentation et, une nouvelle fois, elle ajoute l'invérifiable : l'existence d'une villa réservée à la mafia sans adresse précise; par ailleurs, elle fournit l'adresse : 18, rue de l'Architecte-Mikanoff à Sofia, d'un prétendu appartement dans un immeuble paisible où personne n'a jamais vu transiter de Turcs.

Pour faire vraisemblable, Mme Sterling révèle que la firme commerciale Kintex couvre toutes les activités liées à la mafia turque vers le Moyen-Orient, et cela pour le compte de la police secrète bulgare. C'est une révélation, car, nous dit-elle – « les filières du département d'État américain ne portent aucune trace de l'existence de cette terrible organisation ».

Le dernier point de la démonstration sur la connexion bulgare, c'est l'affirmation que « les services bulgares ferment les yeux sur le trafic qui s'effectue au travers de la Bulgarie ».

On accordera facilement à Mme Sterling que la Bulgarie peut avoir un rôle privilégié pour l'acheminement d'armes en direction de certains mouvements de lutte armée. Elle a expliqué à la télévision française qu'elle souhaitait que les Noirs d'Afrique du Sud s'autodéterminent dans le cadre de la démocratie créée par les Blancs et qu'elle condamnait l'aide apportée à la lutte armée. L'Algérie sut rendre hommage, en son temps, à l'aide précieuse de la Bulgarie.

*

Pour ce qui est du trafic de toute autre nature entre l'Europe et la Turquie, les règles du transit international ne permettent pas de vérifier le contenu de milliers de « containers » plombés à Trente en Italie, ou sur toutes les places d'Europe, et livrés à Istanbul.

A cet égard la presse veut voir une nouvelle preuve de l'existence d'une « filière bulgare » lorsque le juge Carlo Palermo ouvre l'enquête sur la contrebande internationale d'armes et de stupéfiants découverte à Trente en Italie.

Carlo Palermo est reçu à Sofia le 5 mars 1983, il peut interroger Bekir Celenk détenu par les Bulgares. Il se félicite du concours apporté par les autorités bulgares et de la qualité de la coopération réalisée. « Aucun grief déclare-t-il, ne peut-être adressé à la Bulgarie. »

Cette importante affaire a fait apparaître que le principal accusé Arzan était lié aux banques du Vatican, en particulier à la Banque Ambrosiano où il avait son siège, et qu'il était en même temps agent américain. Des membres des familles des plus hauts responsables politiques de la Démocratie chrétienne y sont aussi mêlés. Il n'y a point de Bulgare, pas d'agents de l'Est, pas de filière.

Aux termes de l'instruction du juge Palermo, la relance de la filière bulgare fait long feu.

Les constructions laborieuses pour établir l'existence d'une véritable connexion entre la mafia turque et les services secrets bulgares se devaient pour devenir crédibles de reposer sur l'identification d'agents bulgares ou sur la révélation de dossiers vérifiables. Il n'est en rien.

La Bulgarie rappela opportunément la place qu'elle a pris dans la lutte contre le trafic de drogue. Elle organisa à Varna en 1978, la première conférence internationale sur le contrôle des stupéfiants,

175

au cours de laquelle il lui fut rendu un hommage unanime. Durant les dix dernières années, la police bulgare a dépisté huit cents trafics et saisi vingt mille kilogrammes de stupéfiants.

En 1981, elle saisit soixante et un kilogrammes d'héroïne. Elle a arrêté deux cent trente-deux trafiquants Turcs, dix-sept Iraniens, treize Autrichiens, onze Français.

Leigh Dogoloff, conseiller spécial du président Carter à déclaré :

– « L'apport de la Bulgarie à la lutte contre le trafic des stupéfiants est considérable. Le fait que le gouvernement bulgare soit l'hôte de la première conférence douanière internationale sur la coopération dans la lutte contre le trafic de drogue, illustre bien le rôle pilote de la Bulgarie dans le raffermissement de la coopération internationale dans ce domaine. »

Jack Perry ancien ambassadeur des U.S.A. en Bulgarie ajoutait :

« La coopération entre les U.S.A. et la Bulgarie, dans le domaine du contrôle sur les stupéfiants, est très étroite; c'est un domaine auquel les gouvernements des deux pays attachent une importance exceptionnelle. »

Cette part active de la Bulgarie dans la coopération internationale mérite d'autant plus d'être soulignée que ni sa jeunesse, ni sa population, ne sont sérieusement concernées par le problème des stupéfiants.

LA FILIÈRE

*
* *

A quel moment et pour quelles raisons les autorités judiciaires italiennes ont-elles décidé de confier
au juge Martella le soin de reprendre l'enquête? La
nouvelle enquête sera annoncé officiellement le 13
mai 1982 : jour anniversaire de l'attentat.

Selon Mme Sterling, le juge Martella aurait été
désigné en novembre 1981, quatre mois après le
procès d'Ali Agca. Les raisons? Elles sont plus
difficiles à connaître : en effet le tueur a été
condamné à la prison à vie dont une année d'isolement. En novembre 1981, rien ne laisse présager
officiellement que Ali Agca reprendrait le devant
de la scène en se livrant à de nouvelles déclarations.

Qui est ce juge Martella? Au physique, il est
proche du juge Pascal : ce juge obstiné qui tenta de
connaître la vérité sur l'assassinat d'une jeune fille
pauvre à Bruay-en-Artois. C'est d'ailleurs cette
image du petit juge sincère, au-dessus de tout
soupçon, qui nous est présentée dans la thèse
américaine avec un brin de paternalisme. Ce n'est
pas l'image exacte de ce juge dont la carrière se
situe hors du commun et des simples faits divers. Sa
réputation d'intégrité tient au fait que la justice
italienne lui a déjà confié un lourd dossier aux
incidences internationales, une affaire qui ébranla
aussi bien la couronne des Pays-Bas que le Premier
ministre Tanaka au Japon : « Les pots de vin de la
Compagnie Lockheed. »

Qui peut croire qu'un tel dossier ait pu naître dans le cabinet d'un juge d'instruction? Qui peut penser que la stratégie de la puissante compagnie américaine ait pu être mise en échec par l'obstination d'un petit juge? Il est bien évident que les contradictions d'intérêts qui sont à l'origine des difficultés de la Cie Lockheed, doivent être recherchées, non pas dans les faubourgs de Rome, mais sur le marché international et aux U.S.A., dans les luttes sans merci que se livrent les géants de l'industrie. La Lockheed a été une affaire qui s'est préparée aux États-Unis, ourdie par des forces économiques, financières et politiques qui avaient intérêt à affaiblir la position internationale d'un concurrent.

En fait le dossier Lockheed fait peser sur le juge Martella des interrogations graves. Après la démission du président de la République italienne Giovanni Léone impliqué dans cette affaire considérable de « pots de vin », il fallut bien convenir que le juge Martella savait, depuis l'ouverture du dossier, qu'Antelope Cobbler, l'homme qui figurait dans les carnets de la Lookheed, était le nom de code de Leone à l'époque où il était Premier ministre. Ainsi donc, le juge Martella avait été choisi par le parti italien de la Démocratie chrétienne pour couvrir un scandale politique. Il a joué le jeu de ses « protecteurs » avec opiniâtreté, il n'a cédé qu'au tout dernier moment : lorsque la pression des journalistes rendit impossible de taire plus longtemps un scandale qui frappait l'État italien à sa tête en la personne de son président de la République. Martella est un magistrat de combat impliqué dans les luttes politiques.

* * *

Martella sait ce qu'il peut attendre des États-Unis dans une affaire qui prend une dimension internationale. Dès février 1982, le juge fait le bilan du dossier qui lui a été confié. Au dire de Mme Sterling il ne possède que deux éléments :

– 1) La trace, dans les déclarations de Agca, de ce qu'il aurait été contacté par un nommé Mersal qui lui aurait présenté un nommé Mustafa Eof.

– 2) Un billet trouvé sur Agca lors de l'attentat, sur lequel auraient été portés les numéros de téléphone de la Compagnie Balkan à Rome, ainsi que des numéros de lignes personnelles d'employés bulgares.

Dans le flot des aveux, des demi-vérités, et des mensonges de Ali Agca, deux noms retenus : Mersal et Mustafa Eof sont saisis comme les mots révélateurs du complot bulgare contre le pape.

Le billet retrouvé sur Agca portant les numéros de téléphone de la Compagnie Balkan et d'autres Bulgares a une origine plus mystérieuse. Existe-t-il vraiment en dehors des affirmations de Mme Sterling? Comment expliquer qu'il aurait pu exister en mai 1981 et qu'à aucun moment, nul n'ait songé à l'évoquer. Comment une telle piste aurait-elle pu être ignorée des enquêteurs et des magistrats italiens?

LA FILIÈRE

En fait, en novembre 1981, le « billet trouvé sur Agca » n'est encore évoqué par personne; Mme Sterling elle-même n'y fait aucune allusion dans son article du *Reader's Digest* en septembre 1982. On peut penser qu'il s'agit d'un « argument tardif » pour rendre crédible la thèse d'une relation de Agca avec les Bulgares. Le bon sens nous conduit d'ailleurs à nous interroger. Comment Agca aurait-il pu agir au profit de services secrets et commettre l'attentat en portant sur lui les numéros de téléphone de ses commanditaires? Un comportement aussi grossier n'est conforme ni à la personnalité ni à l'intelligence de Agca, ni aux mille vertus qu'on veut reconnaître aux agents bulgares.

Lorsque le dossier italien sortira enfin du secret dans lequel il est tenu, on constatera sans doute que le billet « trouvé », s'il existe encore, a une origine bien obscure et, qu'en tout état de cause, il ne comporte aucun numéro de téléphone privé.

En fait, Martella ne dispose donc que des aveux écrits d'Agca qui, entre autres versions, a prétendu que le passeport au nom de Faruk Ozgun lui a été remis par Mersal (qui devient Mersan) à Sofia, à l'hôtel Vitoscha, là où lui fut présenté un nommé Mustafa Eof qu'il aurait retrouvé par la suite en Tunisie.

On ne sait plus guère d'ailleurs, en l'état actuel des documents d'accusation publiés, si Agca a prétendu que l'arme du crime lui a été remise à Sofia ou s'il s'agit seulement d'une hypothèse du S.I.S.M.I et de Mme Sterling.

180

Ainsi, en novembre 1981 le juge Martella dispose d'un bien maigre dossier pour reconstituer une « filière bulgare ». C'est pourquoi il demande très vite l'autorisation de se rendre aux États-Unis pour obtenir des services du ministre de la Justice américaine les pièces qui lui manquent pour constituer un dossier. Sa demande présentée en février 1982 prend au dépourvu les autorités américaines. La précipitation du juge italien les gêne. Elle les place d'emblée aux avant-postes de la nouvelle information. Les missions confiées à Hentze et Sterling n'ont encore donné aucun résultat.

Martella ne reçoit pas de réponse. Il s'en plaindra amèrement à son amie Mme Sterling. Il est paralysé.

A Rome, Martella ne se sent guère utile. Pendant six mois il se borne à fouiller le dossier, à la recherche d'indices qui pourraient justifier une inquisition contre les services de l'Est. Il ne peut ignorer les conditions dans lesquelles Ali Agca est préparé à jouer un nouveau rôle, mais le refus américain s'ajoute aux retards des services italiens. Rien ne se déclenche. Il lui faudra attendre mai 1982 : date à laquelle Ali Agca l'informe qu'il passe aux « aveux » sur la filière bulgare.

Les aveux faits en secret au juge Martella passent curieusement de l'autre côté de l'Atlantique. Le feu vert est donné à ceux qui, dans l'ombre des centres de documentation, préparent une campagne d'opinion conforme aux orientations du Concile du Jonathan Institute.

Après les « aveux » de mai, Hentze et Mme Sterling prennent le relais, c'est la « révélation fracassante » du *Reader's Digest* de septembre 1982 sous le titre « Qui voulait tuer le pape » ? C'est enfin le film de la chaîne américaine de télévision N.B.C., réalisée avec le concours de Hentze et de Mme Sterling.

Les missions confiées aux « chercheurs » américains ont donné des fruits; les services militaires du ministère de la Justice disposent, dit-on, de « documents ». Martella est autorisé à se rendre aux États-Unis en novembre 1982. A son retour, le dossier de la filière bulgare est officiellement ouvert, et le 25 novembre 1982, le Bulgare Antonov est arrêté.

CHAPITRE DEUXIÈME

MEHMET ALI AGCA FACE À LA PEUR

Pour reconstituer l'acte d'accusation nous disposons de trois sources : le livre de Mme Sterling « le Temps des Assassins », le livre de M. Paul Hentze « The Plot to kill the Pape », et enfin les coupures de presse qui rendent compte, tant bien que mal, des investigations du juge Martella.

La procédure reste secrète : les avocats d'Antonov eux-mêmes n'y ont pas accès. Ils sont contraints de reconstituer le dossier d'accusation à partir des interrogatoires dont Antonov est l'objet. Les questions posées par Martella et le contenu des confrontations permettent de présumer des charges retenues contre le Bulgare. « La procédure n'est pas irrégulière » me diront les avocats Mes Consollo et Larussa, c'est la loi qui est mauvaise ». On applique à ce dossier les procédures exceptionnelles, mises en œuvre pour lutter contre le terrorisme et qui font table rase de tout ce qui assurait jusqu'alors la contradiction des débats et le respect des droits de la défense. Le juge inquisiteur n'a plus à rendre compte de son information jusqu'au jour où il se dessaisit du dossier pour renvoyer le prévenu devant la cour d'assises. L'inculpé se défend en aveugle; il reçoit le choc des questions sans savoir si les faits correspondent aux aveux d'Agca, à des hypothèses du juge ou à des pièces de l'accusation.

Mes Consollo et Larussa, avocats de Antonov, sont très solidement établis dans Rome. Leur intégrité ne peut être mise en cause. Ils ne partagent en rien l'idéologie des pays de l'Est; ils sont issus de grandes familles catholiques.

Ils ont demandé un délai avant d'accepter la défense d'Antonov; le choix a été fait solennellement au cours d'une conférence de presse, ils ont déclaré :
– « Si, à un quelconque moment de l'information, nous éprouvons le moindre doute sur l'innocence d'Antonov, si nous découvrons le moindre indice d'une relation entre Agca et Antonov dans l'attentat contre le pape, nous abandonnerons le dossier ».

En juillet 1981, la condamnation d'Agca à la prison à vie n'émeut personne, même avec la décision qu'il devra subir une année d'isolement à la prison d'Arcoli Piceno. D'une façon tout à fait inattendue, Ali Agca n'a pas été tenté par le vedettariat au cours des audiences. Lui qu'on avait vu plaider et menacer en Turquie lors du procès d'Ipekci s'est soudain montré discret, sans épaisseur, sans ambition. Il est vrai qu'il ne connaît ni l'italien ni même l'anglais et que le secours de l'interprète le prive des effets qu'il sait ménager lorsqu'il est en prise directe avec l'auditoire.

– Agca savait-il déjà que ce procès n'était qu'une fausse sortie et qu'on lui ménageait un grand retour sur la scène publique? La question peut être posée, car Ali Agca, en juillet 1981, n'a pas le profil du Loup Gris offensif et déterminé qu'on lui connaissait.

Si on exclut une attitude de « concertation » avec ses commanditaires, on peut imaginer une autre hypothèse : Ali Agca mesure-t-il à cette époque les conséquences de la rupture avec ses parrains?

En Turquie, les Loups Gris infiltraient aussi bien l'armée, la police, que les gardes de prisons militaires. En Italie, la mafia a la haute main sur ce type de ramification; le mouvement néo-nazi et les « Brigades Rouges » doivent passer par la « Camora » pour communiquer. Il n'est pas invraisemblable d'imaginer que l'on a conseillé à Ali Agca de faire preuve une nouvelle fois de « patience » dans l'attente d'une situation plus favorable.

Lorsque le juge Martella reprend le dossier, en novembre 1981, Ali Agca est au secret depuis quatre mois. Ce régime très dur est en principe celui de l'isolement total, Ali Agca surveillé par caméra ne communique avec personne si ce n'est avec ses gardiens, par un judas vitré.

D'autres détenus de prison sont censés connaître le même régime.

LA FILIÈRE

*
* *

Le journaliste Piero Luigi Ficoneri, dans la revue *Expresso* a publié une série d'articles sous le titre « Devine qui viendra dans la cellule? » (10.01.83). Cette chronique a permis de compléter d'autres informations qui montrent tout l'intérêt qui était porté à l'isolé.

Le premier élément est sans nul doute l'aménagement spécial de la cellule qui est dotée d'une télévision par câble, permettant de choisir des programmes en fonction des nécessités. On ne peut s'empêcher de penser que des documents ou des dossiers peuvent ainsi être présentés au détenu, qu'il s'agisse d'une galerie de portraits, de l'intérieur d'un appartement ou de tout autre scénario.

La direction de la prison porte d'ailleurs un tel intérêt à Ali Agca qu'elle décide en novembre 1981 de rénover entièrement la cellule. L'entreprise Spolvieri, spécialisée dans les moquettes, les matières plastiques et les revêtements, entreprend les travaux, le 12 novembre 1981. Le ministère de la Justice, interrogé sur le travail des deux ouvriers dans la cellule d'Agca, répond qu'il s'agit de mesures de sécurité pour prévenir une éventuelle tentative de suicide du tueur.

Cette rénovation de la cellule coïncide avec la désignation de Martella.

A cette date, bien des choses ont changé dans le comportement d'Ali Agca. Ce n'est pas la moindre des surprises que de constater qu'il a progressé dans la maîtrise de la langue italienne au point qu'en mai 1982, lorsque le juge Martella lui rend visite, il fera ses aveux en italien.

Comment est-il donc possible de progresser aussi vite dans un langage parlé lorsque la caméra et le micro sont les seuls liens officiels du détenu avec le monde extérieur?

La réponse sera donnée avec les nouvelles précisions apportées sur les conditions particulières de l'isolement d'Agca. En fait, le jeune tueur turc n'est pas coupé du monde, il est autorisé à communiquer avec deux autres détenus également célèbres : Giovanni Senzani, le chef du groupe napolitain des « Brigades Rouges » et Raffaele Cutolo, le chef de la mafia napolitaine.

Guillemette de Vericourt écrit dans le journal *le Matin* :
« La presse italienne a récemment constaté les *curieuses conditions* dans lesquelles Agca s'est trouvé pendant des mois, incarcéré dans des quartiers de haute sécurité *à la prison d'Ascoli Piceno* dans les Abruzzes, avant de se décider à passer aux aveux. »

L'étrange pénitencier des Abruzzes était dirigé par un directeur particulièrement laxiste (il fait aujourd'hui l'objet d'une enquête, pour avoir, à la même époque, laissé *le célèbre chef de la Camora*

(Mafia napolitaine) Rafaele Cutolo, transformer sa cellule en une salle à manger où l'on faisait bombance et en un salon où l'on venait et d'où l'on sortait sur un simple ordre du camoriste. Or, l'avocat de Cutolo, Me Guiso, a affirmé que son client s'était publiquement vanté de détenir de précieuses informations sur la façon dont le repentir et les révélations d'Agca avaient été obtenus. »

* *
*

La relation entre Agca et le monde extérieur revêt un autre aspect qui nous est rapporté par Pietro Luigi Ficoneri :

– « Fin septembre 1981, à l'occasion de la fête des gardiens de prison, l'évêque d'Arcoli Piceno; Monseigneur Morgante demanda une entrevue avec l'auteur de l'attentat contre le pape. Entretien qui durera près de deux heures. Monseigneur Morgante ne rendra plus visite à Agca. Ce sera dorénavant au père Saverio Santini aumônier de la prison « Marino Del Tronto » de s'entretenir et de maintenir le contact avec l'assassin du pape et de faire la navette entre la cellule du Turc et de l'évêché. »

Le rôle du Père Saverio Santini est de tout premier ordre. François Luizet dans le journal *France-soir* du 14 décembre 1982 lui consacre un article sous le titre :

– « La filière bulgare a été découverte grâce au prêtre. C'est lui qui a réussi à confesser Agca. »

Il écrit :

LA FILIÈRE

– « Il semble bien que, s'il a accepté de raconter ce qu'il savait, c'est grâce à l'obstination d'un prêtre qui sut déployer une maïeutique toute socratienne. Revêtu de la robe de bure des Franciscains, retenue par une cordelette blanche, lunettes d'écaille, barbe grise, le Père Saverio Santini est l'aumônier de « Marino Del Tronto », la maison d'arrêt d'Ascoli Piceno, à 250 km de Rome, non loin de l'Adriatique, où Agca est détenu depuis le 19 août 1981.

La prison est ultra moderne. Les prisonniers italiens l'appellent l'« Hilton della Detenzion ». Cent vingt condamnés sont gardés par cent cinquante geôliers. Des autos blindées patrouillent jour et nuit autour du double mur d'enceinte. Chiens policiers, caméras électroniques et projecteurs permettent une serveillance de tous les instants. Le détenu le mieux protégé d'Italie est donc dans la prison la mieux gardée de la Péninsule... »

« ... Dans l'aile est qu'il habite, Agca dispose d'une véritable chambre de 3,50 mètres sur 2, avec télévision, radio et salle de bains. Ce n'est pas du jour au lendemain, bien sûr, que le Père Santini est parvenu à confesser ce musulman fanatique. Un Loup Gris comme Agca ne devient pas un mouton en quelques jours. L'aumônier a approché le fauve avec patience. D'abord, il lui remet un crucifix et un Évangile. Il lui donne des journaux italiens et des magazines que reçoit un « marine » américain, Michael Cox, hôte de la même aile de la prison depuis qu'il a été condamné à trente ans de réclusion pour avoir tué trois personnes, un soir de bordée à Naples.

Ali Agca se laisse petit à petit amadouer. Il fait des progrès en italien. Poète, qui écrivait déjà à quatorze ans « les pauvres marchent sur la terre comme des morts vivants », il retrouve le goût de la rime et de l'écriture. Il écrit au crayon sur un cahier d'écolier, d'une façon serrée, de véritables arabesques. Les rapports du prêtre et du prisonnier deviennent plus familiers.

Un jour le Père Santini montre à Agca une photo publiée dans le monde entier sur laquelle on aperçoit un homme : il s'agit du Turc Omer Ay – arrêté depuis à Hambourg et considéré comme son complice – fuyant la place Saint-Pierre après l'attentat. Le prisonnier regarde longuement le document, puis il rit bruyamment et dit « C'est sans doute un touriste qui s'en va parce qu'il a peur... »

Il y a quelques mois, Agca reçoit la visite du juge Martella. Les arguments du Père Santini, puis d'un mystérieux évêque venu à la rescousse, ont apparemment ébranlé ses résolutions. Ali Agca accepte de parler. Depuis, il est le meilleur auxiliaire du juge romain auquel il écrit souvent... »

Cette navette permanente entre Agca et l'évêché méritait d'être évoquée en raison de son caractère anormal. Toutefois, l'intérêt de cette information va bien au-delà des apparences, dès qu'apparaîtra la véritable personnalité du Père Saverio Santini. En effet l'aumônier ne s'occupait pas seulement de sauver les âmes; il n'avait que peu de chance de convertir Agca au catholicisme. Il vient d'être inculpé pour la place qu'il occupe au sein de la mafia. Il transmettait des messages codés ou non, entre les mafiosi détenus, et l'extérieur.

Quel fut son rôle en dehors de la mission confiée par l'évêché? Acceptera-t-il de répondre? Le juge Martella a-t-il songé à l'interroger? Ce juge qui traverse les océans pour mieux connaître son dossier, attendra février 1982 pour interroger Agca la première fois.

Sur cet étrange régime d'isolement, des questions furent posées au juge Martella lorsqu'il accepta enfin, en juillet 1983, l'invitation des autorités bulgares. Il répondra à contrecœur aux questions du journaliste N. Hranov.

Hranov – « Que pensez-vous des violations de l'isolement d'Agca, de ses rencontres avec le prêtre de la prison d'Ascoli Piceno : Saverio Santini, actuellement arrêté pour avoir maintenu des relations avec la mafia, que pensez-vous de ses relations avec un des dirigeants des « Brigades Rouges » : Senzani qui déclare avoir été le « professeur d'italien d'Agca! Pensez-vous que ces rencontres ont préparé les accusations d'Agca contre Antonov? »

Martella : « C'est une question à laquelle je ne peux répondre parce que je vois que c'est une question qu'on commente non seulement en Italie, mais aussi dans le monde entier...

On ne peut exclure que ces rencontres se soient réellement passées. Peut-être est-il arrivé accidentellement qu'Agca ait rencontré, mais pour un temps très bref, quelques détenus, mais, cela aussi, est une hypothèse...

Pour ce qui est du Père Saverio Santini, au cours de cette période-là, le prêtre accomplissait les fonctions de chapelain de la prison et il avait le devoir de rencontrer tous les détenus... et je ne suis pas capable de dire si les rencontres ont eu lieu, compte tenu du fait que le chapelain est catholique et Agca musulman. »

Fausse naïveté de ce juge? Volonté d'ignorer tout de qui a préparé les aveux d'Agca?

De tels propos sont très éloignés de l'image qu'on a voulu donner du « bon » juge indépendant des préoccupations politiques et de l'enjeu idéologique du dossier. Le père Saverio Santini ne semble pas avoir été interrogé.

Quel peut être l'univers d'Agca en cet automne 1981? Quels peuvent être les résultats de la pression conjointe de l'aumônier Saverio Santini, de l'activiste des « Brigades Rouges » Senzani, et du camoriste Cutolo?

On imagine que les uns et les autres n'ont aucun scrupule à aider les services secrets italiens dès lors qu'ils ont en contrepartie l'assurance d'aménager et de réduire leur propre détention. Qu'est-ce qui peut être obtenu dans cette prison où Agca, en dehors des relations internes, reçoit d'autres visiteurs en soutane. Deux moines en visite, le 29 décembre 1981, seront en fait, de très officiels agents des services secrets.

Le « résultat » c'est la peur. Pour la première fois de sa vie l'« Empereur » prend peur. Peur, parce qu'il craint de ne pouvoir sortir, peur d'une détention à vie. Peur, dira également la direction de la prison, parce qu'on lui annonce qu'au terme de l'année d'« isolement » dont il bénéficie, il sera transféré vers une autre centrale et que sa vie sera en danger. On lui laisse entendre que l'administration ne peut prévenir les agressions des co-détenus. Agca qui n'a jamais voulu choisir un défenseur, reçoit la visite le 2 février 1982, de l'avocat commis d'office : Me Pietropaolo. Le juge Martella a très certainement eu un entretien avec cet avocat qui invite Agca à collaborer avec le juge d'instruction. L'Expresso rapporte le dialogue « étrange » entre les deux hommes :

— Agca — « Si je raconte ce que je sais de combien me diminuera-t-on ma peine?

Pietropaolo : — « Je ne sais pas, cela dépend : au lieu de purger une peine à perpétuité, tu pourras être condamné à 20 ou 25 ans. »

Agca : — « Tant d'années? Les « services » m'ont promis que si je parlais je n'en aurais que pour dix ans, tout au plus. »

Dès cette époque la relance du dossier de l'attentat contre le pape a pris une dimension politique;

193

trois ministres sont mobilisés : le ministre de l'Intérieur Rognoni, le ministre de la Justice Darida et le ministre de la Défense Lagorio.

Lagorio, au cours du débat parlementaire consacré à l'attentat contre le pape, reconnaît qu'à l'insu du juge Martella, avec l'autorisation du Dr. Giangreco, directeur des institutions préventives et pénitenciaires auprès du ministre de la Justice, Agca a reçu pendant plusieurs heures le 29 décembre 1981 la visite de deux agents des services secrets : le commandant Petrucelli du S.I.S.M.I. (Service de Renseignements et de Sécurité du Ministère de la Défense) et le Dr. Bonagura du S.I.S.D.E. (Service d'Information et de Sécurité de la Démocratie au ministère de l'Intérieur). Ce sont les deux moines que nous évoquions précédemment.

Le curieux juge Martella qui piaffe d'impatience d'aller aux U.S.A. et qui, après trois mois, n'a pas encore rendu visite à Agca, attend sans doute les résultats de ces tractations parallèles. Lorsqu'il se rend à la prison en février, le juge n'obtient rien d'Ali Agca, mais son comportement montre qu'il est parfaitement informé des préoccupations des responsables politiques.

Ali Agca lui renouvelle les questions qu'il a posées à l'avocat. Le journal *Expresso* nous rapporte la réponse de Martella : – « Je ne te promets rien, mais tu sais d'ailleurs qu'en ce moment on attend l'adoption d'une nouvelle loi sur les repentis.

Qui sait, peut-être pourra-t-on y trouver un paragraphe qui te concerne? A Rome il y a des gens qui m'attendent »

La chronique de P.L. Ficoneri poursuit :

– « Dans la capitale, Rognoni le ministre de l'Intérieur, attend lui aussi la réponse à cette question. Rognoni demande des consultations à des experts de différents partis, leur suggérant l'hypothèse que la loi peut être également appliquée à l'égard de ceux qui ont commencé à collaborer après leur condamnation. Les hommes politiques avec lesquels s'est entretenu le ministre, demandent du temps, ils consultent leurs secrétaires et s'efforcent de comprendre ce que le ministre vise dans ses propos. Tous s'accordent à croire qu'il s'agit de Alfredo Bonavita, le membre de la direction des « Brigades Rouges » qui a renoncé au terrorisme. Les experts reviennent chez Rognoni et lui font connaître qu'ils sont d'accord quant à l'extension de cette clémence de la loi en demandant si cela concerne Bonavita. Et Rognoni de leur répondre :

– « Il n'y a pas que lui, mais un autre aussi dont je ne puis communiquer le nom. C'est un prisonnier exceptionnel. »

Ainsi la loi sur les repentis doit être étendue pour s'appliquer d'une façon très exceptionnelle aux condamnés. Elle doit inciter Agca à œuvrer dans le sens souhaité par les forces politiques qui préparent la « filière bulgare ».

LA FILIÈRE

Pour Agca, c'est le retour dans la peau du personnage que les policiers ont connu en Turquie : un homme déterminé dans le comportement duquel il est impossible de discerner ce qui relève de la demi-vérité ou du mensonge, un homme qui mettra tout en œuvre pour se sortir du « piège », un Loup Gris qui ne manquera pas à sa mission : ne jamais dire un mot qui puisse mettre en cause la meute de ses frères néo-nazis. Pour les autres, sa haine est telle qu'il n'aura ni hésitation, ni recul. Il dispose d'une réelle intelligence, il peut assimiler n'importe quel scénario et jurer de sa bonne foi avec une telle force de conviction qu'il aidera Martella à poursuivre avec une apparente bonne conscience, sa mission d'inquisition.

CHAPITRE TROISIEME

LEVER DE RIDEAU
SUR LA FILIERE BULGARE

Alors que Ali Agca se prépare à jouer un rôle actif sur la grande scène, d'autres faits méritent d'être évoqués.

Aïvazov, l'un des trois Bulgares qui seront mis en cause dans la filière bulgare, habite dans un immeuble, propriété de l'ambassade, au 36, avenue Galiani. Son nom figure sur l'interphone et sur la porte.

A partir de la date de l'attentat contre le pape, l'immeuble est tout à coup le centre d'intérêt d'une activité qui ne relève pas seulement de l'insécurité romaine. En effet, des visiteurs nombreux visitent les locaux. Des portes sont forcées et quinze fois, de mai 1982 à novembre 1982, l'ambassade fait enregistrer des plaintes en raison des effractions dont l'immeuble est l'objet. Une dernière fois, un groupe de quatre personnes est mis en fuite. Deux d'entre elles portent des appareils photos. On peut relever le numéro minéralogique du véhicule. C'est une voiture privée. Mme Sterling prétendra qu'il s'agit d'une activité normale de journaliste.

197

LA FILIÈRE

Les plaintes déposées auprès des services de police ne sont pas suivies. Il n'est guère difficile d'imaginer que certains ont intérêt à bien connaître les lieux où Agca indiquera avoir séjourné : il prétendra en effet avoir été reçu dans l'appartement de Aïvazov le 11 mai 1981.

Nous sommes là dans le domaine des évidences; mais alors s'interrogeait la presse, pourquoi ces « visites » suspectes chez Aïvazov, alors que l'essentiel des aveux d'Agca porte sur le rendez-vous tenu le 10 mai au 29, rue Pola chez Antonov? Ceux qui constituaient le dossier d'Agca n'avaient pas de raison de pratiquer différemment dans le studio d'Antonov. Et là, l'ambassade ne constate rien d'anormal; elle ne dépose pas de plainte. Cette interrogation trouve une réponse dans un article du journaliste Giulio Obici publié le 15 février 1983 dans le journal *Paesa Sera* et qui révèle l'étrange personnalité du voisin d'Antonov :
– « Le Père Morlion : un dominicain Belge qui depuis 1933 à décidé de consacrer sa vie à l'anti-communisme, qui a choisi de s'établir à Rome en liaison avec les Services secrets américains à qui il fournit des renseignements politiques et économiques sur le Vatican et qui habite le même immeuble que le Bulgare Serguei Antonov. »

Ainsi au troisième étage de l'immeuble, alors que des balcons permettent des communications faciles par les portes-fenêtres, l'appartement d'Antonov est librement accessible à un agent en soutane qui travaille au Vatican pour le compte de la C.I.A. Il n'était utile à personne de prendre des risques pour photographier l'appartement.

Qui est donc ce nouveau personnage?

La *Vie Ouvrière* a édité à Bruxelles une brochure qui s'intitule :

– « L'Église et le péril rouge : Le Père Morlion, du rexisme à la C.I.A. »

« Une intense propagande anticommuniste, tant dans les média conservateurs modérés que dans ceux d'extrême droite, présenta également en Belgique, au cours des années trente, l'Ordre Nouveau et le fascisme sous un jour favorable, comme un rempart contre le péril rouge, éveillant ainsi des sympathies pour le fascisme. La direction de l'Église au Vatican s'accommoda fort bien du régime de Mussolini, et le dictateur portugais Salazar instaura son Ordre Nouveau avec la bénédiction expresse de l'Église, ce qui a suscité à l'époque d'importants mouvements de sympathie envers ces deux régimes, dans les cercles universitaires de Louvain.

Et lorsque, en 1936, le général Franco entreprit la guerre civile contre le gouvernement démocratique élu de la république espagnole, cela déclencha – comme cela avait été le cas auparavant pendant la guerre civile au Mexique – une énorme campagne de la droite catholique contre les « Rouges » qui pillaient les églises et assassinaient prêtres et nonnes. Ceci renforça encore les sympathies pour le fascisme à travers une propagande anticommuniste peu scrupuleuse. Une partie non négligeable de la hiérarchie catholique en Belgique participa à cette croisade...

... Un grand nombre de jeunes catholiques belges allaient s'engager comme volontaires dans la Waffen-SS sur le front de l'Est, à l'instigation des formations belges d'extrême droite. L'anticommunisme clérical des années trente avait semé pendant des années chez ces jeunes des sentiments que les fascistes ne devaient que récolter. Les volontaires du front de l'Est, quelquefois motivés par leur idéalisme, allaient devenir les jouets du Troisième Reich, certains allant jusqu'à adopter l'uniforme et la langue des Allemands.

Un exemple significatif est sans doute l'action menée avant et après la guerre par le Père Dominicain Felix Morlion. Sa carrière anticommuniste le conduisit au rexisme de Léon Degrelle en 1934 à la C.I.A. d'après la guerre, en passant par les services secrets britanniques. Bref, Felix Morlion actuellement âgé de 78 ans et résidant à Rome, nous donne l'exemple d'une carrière bien remplie et surtout très instructive du point de vue politique.

Le Père Morlion a toujours été un personnage très controversé qui, déjà dans les années trente, était plusieurs fois entré en conflit avec la hiérarchie ecclésiatique, mais qui réussit néanmoins à acquérir une influence considérable lorsque l'Église entreprit (vers 1930) une véritable croisade pour élargir son influence grâce aux mass-média modernes en plein essor, surtout la presse et le cinéma. C'est précisément dans ce cadre que le jeune Père Dominicain Morlion (né à Dixmude en

1904) fonda en 1931 un Centre de Documentation de la Presse Cinématographique (DOCIP). Le DOCIP commença par diffuser les directives du conseil catholique d'appréciation (morale) des films, et mit en place un vaste réseau de personnes de confiance qui assurèrent les rubriques cinématographiques dans les quotidiens et hebdomadaires catholiques, ainsi qu'à la radio. En 1932, le Père Morlion lança la Ligue Cinématographique Catholique, pour « guider » le grand public dans le choix des films à voir en fonction des normes du « bon catholique ». Sous l'impulsion du Père Morlion – très tôt passé maître dans l'art du maniement des armes de la communication moderne – ces initiatives se transformèrent rapidement en une véritable mobilisation de la jeunesse catholique pour une croisade moderne contre la « décadence morale » de la société.

Le mensuel *Film en Télévizie* de la *Katholieke Filmaktie* a rappelé en novembre 1980, cette période agitée du travail de pionnier du Père Morlion. Parallèlement au DOCIP il fonda également en 1932, la Centrale de la Presse Catholique. Finalement, Morlion créa sa propre organisation de jeunesse dans la plupart des collèges catholiques du pays : les fameuses « Brigades offensives ». Ces équipes de propagande catholique étaient dirigées par le R.P. Michiel Smets et les RR.PP Morlion et Carlo Van Gestel qui écrivaient pour leur revue *De Waarheid* : ces « Brigades offensives » devenaient des équipes de propagande catholique et des groupes d'action anticommunistes. Dans les années avant 1940, les Brigades offensives du Père Morlion se montraient très actives à Anvers, colportant leur journal *De Waarheid (la Vérité)* à la sortie des églises et constituant (comme nous le rappelle le mensuel catholique *Film en Télévizie*) des équipes de casseurs qui intervenaient pour empêcher « manu militari » la projection de films « à éviter ».

Les Brigades offensives intervinrent aussi par la manière forte pour faire censurer des publications prétenduement pornographiques.

A travers l'administration centrale de la Katholieke Filmaktie dont Morlion faisait partie avec une série de personnalités catholiques éminentes, toute cette machine de propagande était également liée pendant un certain temps au mouvement d'action catholique Rex de Léon Degrelle, qui avant 1935, à Louvain, n'agissait pas encore sur le terrain purement politique et bénéficiait encore du soutien des autorités ecclésiastiques. Par la suite, ces liens de Morlion avec un rexisme qui évoluait vers l'extrême droite lui causèrent des difficultés dans l'implantation de ses Brigades offensives à travers tout le pays. En 1935, l'évêché de Bruges le soupçonnait nettement de sympathies rexistes. Effectivement, au cours des années trente, le Père Morlion lui-même évolua de plus en plus clairement vers l'anticommunisme pur et simple. Quoiqu'il y échappât personnellement, un bon nombre de ses partisans et de ses disciples tombèrent ainsi dans les bras de la collaboration avec les nazis après 1940, suivant l'exemple de Léon Degrelle.

Dans les années trente, Morlion était en relation

avec deux autres centrales de propagande anticommuniste à Bruxelles, appelées S.E.P.E.S. et C.O.P.A.C. où il collaborait étroitement avec des catholiques d'extrême droite tels que le vicomte Charles Terlinden, professeur à l'université de Louvain et partisan enthousiaste de Mussolini, ainsi qu'avec les officiers d'armée à la retraite Jean Spiltoir et Emile Stappaerts. Dans les archives du ministère Ouest-Allemand des Affaires étrangères (microfilms n° 318076 du F.N.R.S, provenant du Politisches Archiv à Bonn), il y a une note du Dr Klein, l'attaché de presse de l'ambassade d'Allemagne à Bruxelles datée de 1938, qui traite du Père Morlion. Le 30 mai 1938, le Dr Klein écrivait à Berlin : « La centrale de la presse catholique travaille sous la direction de Morlion, qui est aussi la cheville ouvrière du C.O.P.A.C, intimement lié à cette centrale. Le C.O.P.A.C. lui-même travaille en étroite collaboration avec le S.E.P.E.S. La lutte entre le communisme et contre l'Internationale communiste est menée sans défaillance par la Centrale de la Presse Catholique, en liaison avec le C.O.P.A.C. » « ... Signalons encore que le sigle C.O.P.A.C. signifie « Concentration de la Propagande Anticommuniste »

Les témoignages de contemporains assurent qu'en mai 1940 les Allemands étaient aux trousses de Morlion, et son travail pour les services de renseignements britanniques pourrait en être la cause. Dès avant 1940, Morlion était impliqué dans tout un réseau international de contacts... » « ... L'apparente contradiction entre le fait que l'action du Père Morlion contre le communisme était favorable à l'extrême droite, et donc aux nazis, et le fait que malgré cela, il était recherché par la Gestapo en mai 1940, trouve son explication dans le rôle qu'il jouait pour les services de renseignements britanniques. L'Intelligence Service était en 1940, et encore bien longtemps après, tout aussi anticommuniste que les services policiers nazis.

Pour Morlion et pour les intérêts britanniques, le communisme et le nazisme étaient les deux principaux adversaires. L'action de Morlion contre le nazisme n'était pas tellement inspirée par la résistance au fascisme (Mussolini, Salazar et Franco étaient en effet depuis de longues années appréciés très positivement par l'Église), mais bien par son opposition à l'idéologie nazie dans la mesure où celle-ci était anticléricale.

Mais, avant 1940, Morlion ne se contentait pas de mobiliser la jeunesse catholique contre le communisme, à une époque où le fascisme s'affirmait et prenait le pouvoir un peu partout en Europe. Il mettait aussi ses forces anticommunistes directement au service du patronat dans sa lutte contre les syndicats. Le 18 mars 1938, il présida une réunion discrète avec les principaux chefs d'entreprises du bassin industriel liégois. Le compte rendu de cette réunion au sommet montre clairement comment Morlion procédait à cette époque. Etaient présents à cette réunion les directeurs de la firme sidérurgique Cockeril, des mines de charbon, d'Espérance-Longdoz, de la Banque de Bruxelles, et beaucoup d'autres. Dans son exposé introductif, Morlion insista sur le danger d'infiltration communiste dans la police, sur sa présence dans les ports et lors des grèves. Il rappela ses campagnes antérieures contre le communisme en Flandre et demanda le soutien financier des patrons liégois pour une campagne d'affichage massive qu'il projetait à l'attention des travailleurs wallons. Il souligna l'importance capitale du conditionnement psychologique des masses par la publicité anticommuniste. « La propriété privée, déclara Morlion, est un facteur d'ordre et de calme ». Le S.E.P.E.S, révéla-t-il encore, selon le compte rendu de cette réunion, avait déjà infiltré ses agents dans la Jeunesse Ouvrière Catholique (J.O.C.), pour donner une formation anticommuniste aux futurs dirigeants syndicaux. L'un des patrons présents signala d'ailleurs à Morlion que, dans ce domaine, il devait collaborer davantage avec les milices d'extrême droite existantes.

En 1941, après l'invasion de l'Union soviétique, beaucoup de jeunes qui avaient été sensibilisés par la campagne de propagande de Morlion contre le communisme, fidèles à ses mots d'ordre, partirent sur le front de l'Est pour combattre les rouges aux côtés des nazis. Beaucoup d'entre eux n'en sont jamais revenus. Dès le début de la guerre en mai 1940, Morlion lui-même se réfugia au Portugal. En 1941, on le retrouve aux Etats-Unis. Et après la Libération, en 1945, on n'entendit plus parler de lui en Belgique lorsque les combattants du front de l'Est durent faire face, à leur tour, à une répression souvent fort dure.

A ce moment le Père Morlion avait définitivement choisi la politique internationale. Déjà, pendant la Deuxième Guerre mondiale, il était entré au service de la nouvelle centrale d'espionnage mise sur pied par les Américains, d'abord sous le nom d'O.S.S., puis sous le nom plus connu de la C.I.A. L'O.S.S. fut surtout organisé grâce à l'appui des services secrets britanniques bien plus expérimentés dans la besogne. Ses nouveaux patrons surent apprécier ses capacités à leur juste valeur. En 1944, l'O.S.S. envoya Morlion en Italie, pays récemment libéré, dans le sillage des troupes alliées. Il s'installa définitivement à Rome où il créa une « Agence de Presse Catholique Internationale » (C.I.P.) avec des ramifications dans de nombreux pays. Il y fonda aussi une « Université Internationale Pro Deo », dont il devint le président et qui dépendait de la firme C.I.P. – Incorpored de New York. Mais ces agences de presse et cette université n'étaient pour lui qu'une couverture pour des opérations de grande envergure de la C.I.A.

Le Père Timothy Champoux, collaborateur américain de Morlion, a déclaré en 1966 à la revue *The Register* qu'en vue des élections italiennes cruciales de 1948, Morlion avait formé des gens pour s'infiltrer dans le parti communiste italien.

« Plus que quiconque, Morlion est responsable de la défaite du P.C.I. aux élections de 1948, déclare le Père Champoux, manœuvre qui a été à la base de la domination politique par la démocratie chrétienne pendant un quart de siècle. »

En février 1976, lorsqu'une partie des archives de la C.I.A. fut rendue publique à Washington, la presse italienne publia un grand nombre de documents confidentiels qui prouvent que, pendant toute la période de l'après-guerre, Morlion fut le correspondant de la C.I.A. à Rome. Avec Mgr Carlo Ferrero, il mit sur pied un réseau de renseignements qui lui permit d'envoyer pendant des années des informations à la C.I.A. et à la Maison-Blanche sur la politique italienne, surtout sur les socialistes et les communistes, mais aussi sur le monde industriel et les entreprises nationalisées. Des figures de proue de l'Intelligence Service britannique, telles que Anthony Graham et Leslie Boas, anciens collègues de Morlion lors de son service chez les Britanniques et spécialistes en matière d'anticommunisme, obtinrent des emplois rémunérés d'enseignants à l'université Pro Deo de Rome, au même titre qu'un grand nombre de personnalités éminentes du monde catholique. Morlion déploya également ses activités dans divers pays d'Amérique latine, tels que le Brésil et le Venezuela, où des multinationales telles que Standard Oil firent appel à lui, par exemple en 1962, pour rassembler des renseignements sur les activités des « communistes ».

En Italie, Morlion mit sur fiches pour le compte de la C.I.A. des milliers de prêtres ayant des sympathies de gauche. Mais le point culminant de ses activités d'espionnage se situe pendant la période où le pape Jean XXIII organisa à Rome le Concile Vatican II et où l'Église adopta une attitude tolérante envers certaines tendances progressistes. Le duo Morlion – Ferrero a alors mis sur pied un remarquable réseau de renseignements, jouissant de la confiance du Cardinal Angelo Dell'Acqua qui dirigea, jusqu'en 1968, l'important secrétariat d'Etat du Vatican. Ce n'est qu'après une réforme fondamentale de ce secrétariat d'Etat en 1968, par le pape Paul VI, que le réseau d'espionnage de Morlion au cœur même de la Curie romaine fut partiellement démantelé. L'un des anciens membres de ce réseau d'espionnage jusqu'en 1963, était Mgr. Inigo Cardinale, nonce apostolique à Bruxelles depuis 1969 à nos jours (1982).

Morlion, lui-même qui jouit actuellement à Rome d'un repos bien mérité (tout en restant président de l'Université Pro Deo) ne s'inquiète nullement des révélations sur ses activités au service de la C.I.A. »

Tel était le voisin de palier du Bulgare Antonov!

Martella a-t-il interrogé le Père Morlion?
Pouvait-il ignorer la présence de ce prêtre dans l'immeuble d'Antonov? Il est possible de répondre par la négative aux deux questions.

A peine démasqué, le Père Morlion a disparu. Sans doute bénéficie-t-il, comme Agca d'étranges protections.

L'orchestration de la filière bulgare comportait une ouverture : les articles de Monsieur Hentze et de Madame Sterling, un premier acte avec le film de Martin Kalb à la N.B.C. et la diffusion mondiale du document photographique accusateur, établissant la présence d'Antonov, place Saint-Pierre le 13 mai.

L'œuvre comportait également un premier temps fort : l'arrestation fracassante de Serguei Antonov le 25 novembre 1982. Il y manquait le « one man show » de l'acteur principal.

Un « show Agca » est organisé devant la télévision et la presse. « Martella la Candeur » jura que l'opération se fit à son insu.

Qu'en fut-il?

Ecoutons une nouvelle fois le journaliste Yona Andronov (Literatouren Front 29.09.83)

– « Jour et nuit, dans toute la ville de Rome, étaient organisées des rafles pour arrêter les terroristes qui avaient kidnappé la fille, âgée de 15 ans, d'un fonctionnaire du Vatican : Emmanuella Orlandi.

La charmante jeune fille appartenant à une famille de fonctionnaires, héréditaires des papes romains, avait disparu dès le 22 juin. Quelques jours après, un homme avait téléphoné au bureau romain de l'agence A.N.S.A. Il parlait l'italien avec un accent étranger et avait annoncé que ses collaborateurs rendraient Emmanuella saine et sauve à ses parents, à condition que soit libéré le terroriste turc Mehmet Ali Agca, condamné à perpétuité, ayant attenté deux ans auparavant à la vie du chef de l'Église romaine : le pape Jean-Paul II.

Peu après, les ravisseurs de la jeune fille ont téléphoné une deuxième fois à quelques journaux locaux et ont indiqué que si les autorités refusaient d'amnistier Agca, la jeune Emmanuella serait torturée et assassinée. Pour mieux illustrer la mort qui attendait la jeune fille, ils avaient déposé devant les appartements du palais présidentiel des cassettes sur lesquelles étaient enregistrés des gémissements de femme torturée et agonisante.

Le pape en personne avait adressé un appel aux criminels, bien en vain d'ailleurs, les priant de relâcher l'otage. Ce fut en vain que dans toute la ville furent affichées de grandes photos d'Emmanuella, ce fut en vain que la police quadrilla la ville de long en large dans l'espoir de mettre la main, ne serait-ce que sur l'un des gangsters introuvables. On aurait dit qu'ils se moquaient de ceux qui leur avaient donné la chasse et, se croyant absolument invulnérables, ils adressèrent par la poste une lettre ouverte au journal romain *Il Messaggero* qui permettait de reconnaître facilement ses auteurs et d'établir sous quelle direction ils agissaient.

Une photocopie de cette lettre fut montrée à la rédaction du *Messaggero* par le chef reporter du journal Aldo De Luca. L'enveloppe portait un cachet rond d'une poste ouest-allemande, deux timbres-poste et une estampille indiquant que la lettre était partie de Francfort-sur-le-Main. La lettre disait :
« Nous lançons un nouvel avertissement aux autorités italiennes et au Vatican – relâchez immédiate-

ment Mehmet Ali Agca, Serdar Celebi, ainsi que nos autres camarades! Dans le cas contraire, après Emmanuella Orlandi nous nous livrerons à de nouvelles actions punitives. N'oubliez pas qu'à l'heure actuelle nous sommes capables d'arriver jusqu'à vous! »

Comme nous l'avons déjà indiqué, Serdar Celebi est le leader des néo-nazis turcs, ex-chef d'Agca, guide de l'organisation fasciste turque les Loups Gris, interdite en Turquie et qui a transféré son siège à Francfort-sur-le-Main. Il y a huit mois, Serdar Celebi a été arrêté en R.F.A. et remis aux Italiens. Quant aux demandes des complices francfortais de Celebi et d'Agca d'obtenir la libération de « leurs autres camarades », il faut préciser qu'à cette époque, en Italie, se trouve derrière les barreaux, un troisième Loup Gris – le Turc Omer Bagci qui avait remis à Agca le Browning devant servir à l'assassinat du pape. En fait, le problème de savoir qui sont les auteurs de l'ultimatum écrit des terroristes est tellement clair qu'on est allé jusqu'à déclarer officiellement à la TV italienne que :
– « De toute évidence, dans le rapt d'Emmanuella sont impliqués les Loups Gris. »

*
* *

Le vendredi 8 juillet 1983, Agca est extrait de la prison pour être entendu par la direction de la police romaine sur le « rapt d'Emmanuella ». La presse est informée, elle est présente à la sortie du tueur. Mehmet Ali Agca est vif, sûr de lui, ardent; la conférence est improvisée devant la télévision italienne. Questions et réponses fusent. Étonnement général : Ali Agca qui lors du procès avait recours à un interprète, s'exprime cette fois en excellent italien.

Agca : « Je condamne l'attentat contre le pape. J'ai été l'instrument des Tchékistes »

Il crie très fort, il a les mains jointes comme pour la prière. Il poursuit plus calmement :

– « J'ai été formé en Bulgarie et en Syrie. »

– Qui sont les instigateurs du complot contre le pape?

– Agca : « J'ai dit que l'attentat contre le pape a été accompli par les services bulgares.

– Et aussi Antonov?

– Agca : « Oui, aussi par Antonov. Je connaissais Serguei. Il était mon complice. »

– Ainsi que le K.G.B.?

– Agca : « Oui par le K.G.B. Également. J'ai répété cela à plusieurs reprises.

Agca poursuit : « Je suis contre le terrorisme. Je fais appel aux ravisseurs. Relâchez la pauvre enfant. Je n'ai rien à voir avec les criminels et les terroristes. Je suis avec l'Italie, avec le peuple italien, avec le Vatican... Je répète une fois de plus, je condamne cet acte criminel... » « Je me repens de mon acte agressif contre le pape. J'admire le pape et je remercie la justice italienne... »

« Je collabore avec la justice italienne »

***

Heureux enfin, le juge Martella! Agca a repris sa véritable dimension. Il apporte une contribution active au magistrat dans une information qui peut se déployer. Jour après jour, le Turc résiste aux faits et aux témoignages qui compromettent obstinément la crédibilité de la filière bulgare.

Martella a les plus grandes difficultés à suivre le cap qui lui a été tracé, car la presse s'interroge. Le doute gagne les journaux les mieux disposés.

En mars 1983, le journal Covert-Action rappelle le rôle suspect de Mme Sterling et M. Robert Moss (maître à penser du Concile du Jonathan Institute et du C.S.I.S). « Il serait surprenant – écrit le journal – que de tels spécialistes qui ont consacré toute leur carrière à la désinformation aient commencé à dire la vérité. »

Aux termes de son enquête le journaliste conclut :

« L'histoire de la participation des pays socialistes à l'attentat contre le pape est une invention de la C.I.A. »

Le 12 mai 1983, la chaîne de télévision A.B.C. arrive à des conclusions voisines : « il est évident que la C.I.A. et d'autres agents gouvernementaux américains, les cercles dirigeants du gouvernement italien et beaucoup de personnalités du Vatican portent la responsabilité de cette falsification. »

Le *Figaro* lui-même sous la signature de son correspondant à Rome : Baudouin Bollaert met en doute la filière « Antonov », il écrit :

– « A cette étape de l'enquête, nous avons le droit légitime de nous demander si le juge Martella est en mesure de recueillir les charges indispensables à l'accusation contre Antonov pour le traduire en justice...

Tout est possible, même l'inculpation d'un homme absolument innocent »

La même question est posée dans un article du journal américain *New Catholic Reporter* sous la signature de J. Michele.

Dans le journal *Le Matin* du 3 février 1983 on peut lire :
– « Jusqu'à présent, il n'a pas été présenté une seule preuve irréfutable de la participation des services secrets bulgares dans la tentative de tuer Jean-Paul II. »

D'outre-Atlantique, Martella sait que le Président Reagan qui accorde un grand intérêt à l'affaire, s'irrite de la faiblesse des dossiers, le *New York Post* du 28 février 1983 révèle que William Casey a été réprimandé et qu'il a délégué un groupe de travail de sept experts de la C.I.A. pour tenter d'apporter une aide décisive au juge italien.

Dans une lettre adressée au secrétaire général de l'O.T.A.N, publiée en avril 1982, l'ancien secrétaire d'Etat américain Alexander Haig avait écrit, évoquant la résistance des pacifistes :
– « Si les arguments, les suggestions et l'influence des mass-média ne peuvent accomplir leur tâche, nous n'avons qu'une issue : émouvoir les pusillanimes d'Europe en créant dans divers pays la

situation que nous jugerons nécessaire pour leur montrer où sont leurs intérêts. Ceci exigera des actes adéquats et efficaces dont nous avons souvent discuté et que j'envisage avec optimisme. »

Ce texte rejoint les préoccupations et la stratégie évoquées dans les dépêches Cavallo. Jan Otto Johansen, rédacteur en chef du journal norvégien *Dagbladet* exprime plus complètement la nature des interrogations :

– « Pour nous qui ne sommes que des observateurs, il est impossible de juger de la nature des affirmations italiennes. On n'a jamais pu se fier aveuglément aux services d'espionnage et de contre-espionnage italiens à cause de leurs contacts avec les milieux les plus réactionnaires et néo-fascistes. Même les services secrets occidentaux se montrent sceptiques à l'égard des allégations qui viennent d'Italie.

Il n'est pas exclu que les Italiens aient été victime d'un immense complot de désinformation visant à noircir les nouveaux dirigeants soviétiques et à légaliser de la sorte l'opinion que porte l'administration Reagan sur l'Union Soviétique. »

– « ... L'hebdomadaire des radicaux indépendants de gauche *Guardian* qui paraît à New York, publie dans son numéro du 5 janvier, sur toute une page, un article de Jack Smith, intitulé : « Il n'existe pas de preuves témoignant d'une relation entre la Bulgarie et le tueur fasciste.

– La campagne antibulgare a été attisée par la presse italienne et par certains journalistes et « experts » occidentaux. ... Jusqu'à ce moment, aucune source digne de foi n'a pu établir un lien sérieux entre l'attentat contre le pape et les Bulgares.

Jusqu'à présent tout cela porte la marque d'une campagne organisée par la droite et visant à discréditer l'U.R.S.S. et la République Populaire de Bulgarie »

Le scepticisme gagne du terrain. L'O.T.A.N. a demandé une enquête; le rapport de Monsieur Richard Mayer porte la mention « Otan-Secret », mais des fuites se produisent et il est diffusé. On peut y lire :

— « La terreur et l'anarchie en Turquie ont diminué et ont atteint un niveau incroyablement bas. Avant le 12 septembre, le nombre des assassinats quotidiennement perpétrés était supérieur à 23. Depuis, les assassinats ont diminué, à raison de un tous les deux jours.

Beaucoup de gens, appartenant à différents groupes terroristes se sont aujourd'hui sauvés à l'étranger. Ces gens représentent un danger pour la sécurité intérieure des pays où la liberté d'action leur est garantie. L'un d'entre eux était Ali Agca, qui, en mai 1981, a essayé de tuer le pape Jean-Paul II.

Si l'activité des organisations terroristes à l'intérieur du pays se trouve dans une grande mesure réprimée, par contre, les membres de ces organisations qui vivent à l'étranger ont intensifié leur activité antigouvernementale dans les pays où ils se trouvent. Vingt-huit pays leur servent actuellement de champs d'action. Ils organisent des meetings, des réunions, des manifestations, des marches et des soirées commémoratives, diffusent des brochures et des pamphlets, font la grève de la faim, ou s'attaquent aux missions turques.

Les sommes recueillies par des vols ou par d'autres moyens illicites ont permis aux terroristes de fonder différentes firmes commerciales qui servent de couverture à leur activité, leur permettant d'établir des contacts, d'imprimer des documents des organisations, de mettre en stock des armes et d'autres matériaux, de financer ces organisations.

Des membres de l'organisation du Parti et Front de libération nationale et sa fraction « Dev Sol » ont détourné le 24 mai 1981, un avion de la compagnie aérienne turque, effectuant un vol d'Istanbul à Ankara. Ils ont réclamé la libération de 47 prisonniers et la somme de 500 000 dollars. »

Il n'y a pas de preuves témoignant de l'existence d'un réseau terroriste international qui dirige les actions terroristes dans le monde, tout comme il n'y a pas de preuves que l'U.R.S.S. joue un rôle dirigeant dans le terrorisme. »

Le 6 juin 1983, le journal américain *Los Angeles Time,* bien introduit dans l'entourage du Président Reagan, rapporte des propos qui jettent le désarroi dans les rangs de l'orchestre blanc. Il écrit que William Clarck, conseiller du Président Reagan et

William Cosey ont révélé le fiasco de la filière bulgare en déclarant :
– « Il n'existe aucune chance de prouver une participation de la Bulgarie dans l'attentat contre le pape. »

Cette désespérance qui gagne la presse et les milieux politiques ne désarme ni le juge Martella, ni ses anges gardiens.

Robert Moss, le théoricien occulte de la nouvelle droite, avait bien choisi ses deux lieutenants.
Paul Hentze et Claire Sterling pensent qu'il faut dépasser le stade de la révélation fracassante (articles du Reader's Digest et films télévisés de la N.B.C) pour atteindre le stade supérieur du « dossier d'enquête ».

Deux livres relancent la campagne au début de l'année 1984 « The Plot to kill the pape » publié par Paul Hentze, à Londres et « Le Temps des Assassins » publié par Claire Sterling à Paris et à Rome.

Les deux ouvrages préfigurent l'acte d'accusation qui est laborieusement élaboré par les magistrats italiens.

Paul Hentze et Claire Sterling reçoivent aux États-Unis un accueil plutôt glacial.
En France la complaisance des média est surprenante. Mme Sterling exerce une influence immé-

diate sur l'ensemble de la presse, y compris les journaux qui s'étaient interrogés sur la crédibilité des charges retenues contre Antonov. La relance de la filière antibulgare atteint son objectif. Les rédactions et des éditeurs d'Allemagne de l'Ouest ont des réactions bien différentes. Dans ce pays Madame Sterling s'est fait connaître en publiant son premier ouvrage « Les Réseaux de la terreur ». L'impression a été si mauvaise auprès de l'opinion et des historiens qu'aucun éditeur n'a voulu accepter le nouveau manuscrit « Le temps des Assassins ».

Le journal *Der Spiegel* a consacré un long article qui juge sévèrement Madame Sterling.

« Le temps des Assassins » c'est le nom du nouvel ouvrage de la journaliste américaine Claire Sterling « experte du terrorisme international » actuellement établie à Rome. Le livre qui veut expliquer les fondements de l'attentat du 13 mai 1981 au cours duquel le Turc Mehmet Ali Agca à Rome a tiré sur le pape, a paru les dernières semaines aux U.S.A. au Canada, en France et en Angleterre.

A son grand souci, l'auteur renommé n'a pas encore trouvé de maison d'édition en Allemagne. Pour elle, ce retard est le résultat de la politique qu'Helmut Kohl conduit à l'Est de façon encore plus intensive que le S.P.D. sous Brandt.

Le dernier livre de Sterling « Le réseau de la Terreur » avait été publié par la maison d'édition Scherz à Bern. Dans ce livre l'Américaine défendit la thèse selon laquelle les terrorismes allemand, italien, irlandais et même le terrorisme dans son ensemble, sont dirigés par Moscou ou ses satellites.

Des experts en matière de terrorisme ont condamné la thèse de Sterling considérée comme fantaisiste et sans sérieux par M. Herold, l'ancien chef du service criminel fédéral. La maison d'édition Schertz ne veut rien entendre du manuscrit le plus récent de Sterling parce que selon un porte-parole de l'éditeur, l'attentat contre le pape est un thème dont le traitement journalistique est sans arrêt dépassé par les développements juridiques.

La maison d'édition Mondadori a également refusé de s'intéresser au deuxième livre de Sterling. Actuellement une petite maison d'édition qui appartient au parti socialiste et qui s'appelle Sugar & Co, s'occupe donc du nouvel ouvrage de 276 pages de la théoricienne du terrorisme.

Le rédacteur en chef du journal socialiste Avanti, Ugo Intini est enthousiasmé par l'idée de Sterling selon laquelle Agca, l'homme qui a tenté d'assassiner le pape devait être commandé par le K.G.B. « Le terrorisme d'orientation politique de droite est déclaré, alors que l'on sait encore trop peu de choses sur celui de gauche. »

Quelques éléments dans l'ouvrage de Sterling apparaissent comme nouveaux bien qu'ils ne soient pas toujours très convaincants bien au contraire. Selon Sterling par exemple le fait que Agca soit membre de l'organisation d'extrême droite des Loups Gris n'aurait pas été établi par les autorités de la police turque. L'Américaine ne confère aucune importance à la lettre que Agca à écrit de Munich en 1980 au Führer du Mouvement National du Parti Turc d'orientation d'extrême droite, Alparshan Turkesh.

Le fait que les quatre membres de l'organisation de droite des Loups Gris soient des amis, faisant partie des complices soupçonnés de Agca n'a pas surpris Claire Sterling. Elle pense simplement qu'il s'agit d'une conspiration de gauche. De la même façon, l'auteur n'a pas été sceptique sur le fait que Agca n'ait seulement dévoilé l'éventualité de commettant bulgare que neuf mois après sa condamnation dans la prison de Ascoli Piceno. Cela ne l'a pas dérangé non plus que le Turc ait reçu, justement, la visite de deux membres du service secret italien.

Agca qui était jusqu'à présent endurci et laconique s'est alors rappelé qu'il avait reçu l'ordre pour l'attentat, de la part d'un représentant romain de la Balkan Air Serguei Antonov et de deux fonctionnaires du consulat bulgare. Agca a même déclaré avoir bu le thé avec Antonov, sa femme Rossitza et leur fille de dix ans dans leur appartement. Pourtant la description par Agca de l'appartement d'Antonov n'est pas conforme...

Dans leur livre « Dunkelmannner der Macht » deux auteurs allemands Jürgen Roth et Berndt Ender montrent que les attentats non clarifiés contre le pape font toujours apparaître de nouvelles théories de conspirations : en ce qui les concerne, ils s'orientent vers les négociants en armes turcs, vers le B.N.D. et la C.I.A. (Ces négociants en armes sont justement ceux qui avaient des liaisons avec les Loups Gris et donc aussi avec Agca).

Un autre théoricien dans le domaine de l'attentat contre le pape Jean-Paul II, l'Américain Paul Hentze appartient à la même famille que Sterling; c'est-à-dire la catégorie des détectives en bureau.

L'ancien collaborateur dans le conseil National pour la sécurité de Jimmy Carter a publié un livre qui s'appelle « Le complot pour tuer le pape » dans lequel les fils mènent également vers Moscou, vers le K.G.B., et afin que personne ne croit que Monsieur Hentze aurait une mission particulière, il écrit dans la préface : « La C.I.A. n'a rien à voir avec ce livre. » Claire Sterling l'affirme aussi dans son ouvrage »

CHAPITRE QUATRIÈME

BRISER LES MASQUES DE L'ACCUSATION

LE PREMIER MASQUE :

« Ali Agca un tueur sans idéologie manipulé par les extrémistes de gauche et de droite »
« Ali Agca n'est ni un tueur isolé ni un terroriste d'extrême droite. Il a une carrière terroriste anormale, on le voit avec les Loups Gris, mais il n'est pas dans l'organisation » [1]. *Il n'a pas de motifs religieux ou politiques. Il agit pour de l'argent. L'argent de qui?*

Cette révélation est bien difficile à soutenir. Elle se heurte à l'évidence de la personnalité du jeune tueur néo-nazi telle qu'elle se révèle aussi bien dans son itinéraire turc que lors de son périple européen. L'orchestre américain se heurte par ailleurs à l'obstination des journalistes turcs et de Mumcu qui, sollicité directement, maintient que Agca démasqué est un terroriste d'extrême droite qui appartient aux Loups Gris.

1. Première thèse de Paul Hentze et Claire Sterling. « Le temps des assassins », p. 70.

Pour que soit crédible la thèse des liens d'Ali Agca avec les services secrets bulgares, il faut écarter d'emblée les entraves idéologiques. Il n'est pas possible d'expliquer qu'un tueur du parti néonazi turc agit comme agent des pays socialistes si, au préalable, on ne prend pas soin de préciser qu'il est incapable de faire des choix politiques. Si Agca avait été un terroriste inculte, la thèse du double jeu « masque de droite », « action de gauche » eût été plus facile à présenter.

Que ce soit en Turquie pendant les interrogatoires qui ont suivi le meurtre d'Ipekci, que ce soit en Italie, Ali Agca apparaît au contraire comme un homme politique intelligent, vif, déterminé. Il est méfiant, obstiné. Il parle sans qu'on le contraigne, invente, dissimule. Est-il en difficulté qu'il devient acteur ; avec la plus apparente sincérité, il simule des colères, gêne les magistrats, se calme brutalement, se fait persuasif, proteste de sa bonne foi pour aider à la manifestation de la vérité.

Un représentant officiel de la Turquie qui assiste aux interrogatoires en juin 1981 écrit :
– « Il a les idées claires et l'esprit vif. Il est plus le criminel politique que le simple terroriste qui aime les actions violentes pour elles-mêmes [1]. »

La culture de Ali Agca et sa vivacité d'esprit, excluent qu'il ait été un « homme de main ».

---

1. P. Hentze « The plot to kill the pape », p. 129

LA FILIÈRE

Après les interrogatoires de 1979, le ministre turc de l'Intérieur : Hasa Fehnu Gunes indiquait [1] :

– « Les organisations terroristes turques recrutent normalement des hommes de main semi-illettrés. Agca ne faisait pas partie de cette catégorie. C'était un homme intelligent, audacieux et déterminé. Il était hautement entraîné. C'était un homme psychologiquement préparé aux interrogatoires et qui n'a jamais rien indiqué sur son itinéraire de terroriste. Il était obstiné et méfiant. »

Tout le cheminement d'Ali Agca de 1976 à juillet 1980, date de son départ vers l'Europe, se fait au cœur de l'organisation des Loups Gris. Théoricien porté au prosélytisme, il est un combattant déterminé qui place le crime au rang des nécessités de la lutte idéologique.

La seule faille « épinglée » par Sterling dans l'itinéraire du jeune fasciste serait une relation avec un terroriste de gauche originaire de Malatya : Sédat Sirri Kadem qui aurait permis à Agca de s'entraîner pendant quarante jours à vingt kilomètres au sud de Beyrouth, dans un camp palestinien sous l'égide de l'organisation marxiste turque : T.H.K.O. dirigée par Tore.

Cet entraînement au Liban a peu de chance d'avoir été une réalité. Ali Agca était suffisamment connu à Malatya pour que les organisations de gauche ne prennent pas le risque de l'intégrer à un stage d'entraînement. On doit même exclure que

1. P. Hentze « The plot to kill the pape » p. 130.

225

Agca ait pu y participer pour infiltrer la gauche sur ordre des Loups Gris : il aurait immédiatement été démasqué.

Cette hypothèse de quarante jours passés dans un camp palestinien rejoindra une seconde hypothèse selon laquelle Ali Agca a passé cinquante jours à Sofia.

Par deux fois, l'accusation tente de faire oublier l'engagement militant du Loup Gris, sa haine viscérale de la gauche et des libéraux turcs, comme d'ailleurs des communistes envahisseurs de l'Afghanistan. Le fait que, dans ses messages, Ali Agca dénonce les impérialismes américain, israélien et russe n'est pas étranger à l'idéologie national-socialiste telle que nous la connaissons depuis 1930.

Nous savons que le national-socialisme a toujours su abuser les masses par un langage que manie fort bien Agca et qui apparaît comme dénonçant les systèmes capitalistes d'exploitation. Les « chercheurs » américains y voient la confirmation de la disponibilité d'Agca à se mettre au service des extrêmes, quels qu'ils soient, pour déstabiliser la Turquie et servir les intérêts des Soviétiques.

Lorsqu'on saisit la démarche, on comprend l'acharnement avec lequel Paul Hentze et Claire Sterling ont tenté de contester l'authenticité de la lettre adressée par Agca à son Führer, une lettre dont la justice turque a pu vérifier l'authenticité par expertise et qui n'a fait que confirmer l'opinion émise par le journaliste, Ugur Mumcu :

– « Agca n'a jamais cessé d'être un Loup Gris, un militant d'extrême droite. Son engagement est politique, il participe à l'escalade de la terreur qui prépare le coup d'État militaire. »

Lorsqu'il s'inscrit à la faculté d'Histoire et Géographie d'Ankara, Agca a renoncé au métier de maître d'école, « un métier d'esclave », dit-il, il s'est donné un autre destin. Il accomplira tous les actes qui lui permettront de se donner une « stature d'exception », son ambition d'adolescent.

Ali Agca n'a jamais reconnu ses liens avec les organisations fascistes. Seraient naïfs ceux qui voudraient en conclure que c'est le signe d'une grande indépendance. C'est au contraire un des traits qui ont fondé l'admiration qui lui est vouée par les Loups Gris : c'est également une qualité qui est appréciée par ses commanditaires qui le paient déjà depuis 1978 et qui le paieront de plus en plus largement jusqu'au 13 mai 1981.

Les versements effectués très régulièrement pour le compte d'Ali Agca se présentent d'une façon très particulière. Ce ne sont pas des sommes en espèces, remises au jeune fasciste pour qu'il en dispose librement : l'argent fait l'objet de dépôts multiples dans des banques. Les dépôts sont effectués par une personne anonyme qui signe Agca, au compte ouvert au nom du tueur. Le premier règlement est effectué le 13 décembre 1977 pour un montant de l'ordre de douze mille francs. On totalise cent trente mille francs en treize versements jusqu'à l'assassinat d'Ipekci.

Là encore, il est difficile de s'imaginer qu'un service secret étranger à la Turquie aurait pu prendre le risque de laisser la trace des versements sur bordereaux bancaires. Les parrains de la mafia, au contraire, aiment matérialiser leurs dons de manière à éviter les actes d'ingratitude. Ugur Mumcu n'a pas pu découvrir toutes les relations entre Agca et la mafia turque, toutefois c'est lui qui a relevé que le nom de Mehmet Ali Agca a été noté dans la comptabilité d'un parrain de Malatya.

L'obstination des enquêteurs turcs qui désignent Agca sous son visage de tueur néo-nazi lié à la mafia, les procédures turques qui ont permis d'identifier la chaîne des Loups Gris complices de son évasion, le procès d'Agca pour le meurtre d'Ipekci et les aveux des complices qui ont permis de reconstituer la préparation de l'attentat avec Shener, au siège du parti du Mouvement Nationaliste de Turkesh, la lettre authentique rédigée par Agca à Münich et adressée au Führer turc, voilà bien des éclairages qui ne laissent aucune ombre sur Mehmet Ali Agca.

Mme Sterling en est réduite à la pratique bien peu scientifique de cet étrange groupe de chercheurs. Pour conforter ses « révélations », elle s'appuie sur les hypothèses de ses collègues : Paul Hentze – Moss – Terpil – Bill Mac Laughlin (correspondant N.B.C. à l'O.N.U.) –, Marvin Kalb lesquels à leur tour, ne manqueront pas de retenir les conclusions de Mme Sterling pour conforter les livres et les films qui participent dans le même temps à la même campagne sur la filière bulgare.

– « Je te tiens, tu me tiens. » Ce jeu d'enfant est devenu une pratique de la désinformation. Les « journalistes » américains engagés dans la même mission se portent mutuellement témoignage pour donner à un objectif de la guerre idéologique l'allure d'un mouvement d'opinion, « Je suis témoin, tu es témoin », ainsi se constitue l'orchestre blanc du dossier d'Agca.

***

Le retour à l'enquête et l'obstination des faits écartent les masques et les fumées.

Agca, capable aujourd'hui d'entrer dans la peau de tous les personnages pour se sortir de la peur, ne peut convaincre qui que ce soit de son renoncement à l'idéologie fasciste qui fut sa raison de vivre, d'agir et d'assassiner.

LE SECOND MASQUE :

Agca n'a pas tué Abdi Ipekci, le rédacteur en chef du journal libéral Milliyet.

Mehmet Ali Agca n'a pas tué Abdi Ipekci. A la suite de tractations avec le ministre de l'Intérieur : Hasan Fehrmi Gunes, Mehmet Ali Agca a accepté de s'accuser du meurtre.

Gunes dont les fils sont compromis avec la gauche a imaginé le scénario pour discréditer la droite turque.

Paul Hentze affirme que rien ni personne n'a pu clarifier les circonstances de la mort d'Ipekci. Claire Sterling va au-delà « Lors du meurtre d'Ipekci, Agca aurait pu être présent, mais ses aveux sont bidons » [1].

La thèse de l'homme de main, volontaire pour toutes les violences s'accommode mal de l'aveu d'Agca d'avoir exécuté Abdi Ipekci.

Hentze et Sterling présentent des thèses légèrement différentes : l'un pour dire que Agca tue Ipekci, commandité par les agents de l'Est, l'autre pour prétendre qu'Agca s'est accusé du meurtre selon un scénario imaginé par le ministre de l'Intérieur, lui-même suspect de liens avec l'Est. Tous deux se rejoignent sur deux aspects : Abdi Ipekci pouvait aussi bien être la cible du terrorisme de droite que du terrorisme de gauche.

Le ministre de l'Intérieur Gunes et toute la gauche, disent-ils, en ont tiré profit à partir du moment où Agca, connu comme Loup Gris, s'est accusé du meurtre. Un nouvelle fois, la thèse de l'accusation veut ignorer la réalité de la Turquie et

---

1. Deuxième thèse développée par Paul Hentze et Claire Sterling. « Le temps des assassins », p. 70.

les résultats recueillis aussi bien au cours des enquêtes que lors des audiences : procès d'Agca, procès des complices de l'évasion d'Agca, procès du Führer Turkesh.

La première question posée concerne la personnalité d'Abdi Ipekci. En 1978-79 ce journaliste et son journal *Milliyet* pèsent d'un grand poids sur l'opinion turque. On sait que Ipekci apporte son appui à Ecevit le chef du gouvernement, mais qu'il déplore la faiblesse des moyens engagés dans la lutte contre le terrorisme. Il est partisan d'un renforcement de la loi martiale. Il tente d'éveiller les consciences sur les risques de chaos politiques et appelle les principaux partis à se rassembler pour sauver la démocratie. Il est pour le renforcement des liens économiques et politiques avec les États-Unis, partisan de la présence de la Turquie dans l'O.T.A.N., mais il dénonce les ventes d'armes américaines aux organisations de droite. Il fait des demandes multiples, y compris auprès de Paul Hentze, pour obtenir un désengagement américain dans l'escalade de la terreur. Sa dernière démarche chez Hentze a lieu le 13 janvier 1979. Il voit entre les Loups Gris et la mafia turque une collusion qu'il se prépare à dénoncer dans le cadre d'une enquête. Il multiplie les démarches auprès d'Ecevit et de l'ambassade américaine.

Dans le même temps, il résiste au rachat du journal *Milliyet* par la droite.

Sur un plan intérieur et plus subjectif, la droite ne lui pardonne pas d'avoir publié en vingt-quatre articles, en octobre 1978, les mémoires de Zekeriya Sertel une figure du parti communiste turc, revenu d'exil, ni d'évoquer les derniers jours du poète Nazim Hikmet, mort à Moscou.

Ainsi Abdi Ipekci n'est pas un homme de gauche; c'est l'image du libéral auquel s'identifient des couches très larges de la population qui pensent que la démocratie peut-être sauvée sur la base d'une politique de réconciliation qui donnera la priorité à la lutte contre le terrorisme.

Le puissant développement de la vie syndicale, la vitalité de la pensée politique de gauche, (des centaines de milliers de livres et de revues sont vendus), les mouvements populaires massifs font craindre à la droite et à son sponsor américain un processus de radicalisation politique. La gauche aspire à une plus large expression, à une plus large démocratie. Le meurtre d'Ipekci sera le signal d'une escalade de la terreur : frappant la bourgeoisie libérale, l'acte politique paralyse les couches sociales qui ont vocation à s'allier avec le mouvement populaire. Le meurtre d'Ipekci provoquera la peur, le repli des populations les moins politisées et l'isolement des progressistes. Le coup d'État sera le terme logique du processus fasciste, Mme Sterling s'emploiera inlassablement à expliquer que les militaires sauvent la Turquie confrontée à la violence et au chaos. La répression qui s'abat sur quelques centaines de néo-nazis (dont Turkesh) frappe avant tout, par dizaine de milliers, les militants ouvriers et progressistes : c'est la gauche qui subit massivement la répression.

LA FILIÈRE

*
* *

Le ministre Gunes a reconnu avoir assisté aux interrogatoires d'Agca. Il n'est pas exclu, ainsi que le déclare Agca, qu'il ait effectivement invité le tueur à reconnaître ses liens avec les Loups Gris, lui promettant un allègement de sa peine. Agca n'a pas cédé, il ne se livrera jamais à aucune déclaration à l'encontre des néo-nazis. Ces tractations ne sont pas de nature à changer la signification d'un meurtre commandité par la droite et auquel participent tous les nervis que l'on retrouvera en Europe dans le sillage d'Agca : Shener, Celik, Omar Ay, Chatli qui rejoindront Celebi.

LE TROISIÈME MASQUE :

« *La mafia turque est manipulée et dirigée par les services secrets bulgares.* »

Des appuis de très haut niveau ont permis à Mehmet Ali Agca de s'évader de la forteresse de Cartel Maltepe. Ses protecteurs (K.G.B. et Bulgares) lui donnent mission de tuer le pape (Thèse Sterling).

Ses protecteurs comprennent l'utilisation qu'ils peuvent en faire dès le 23 novembre 1979, date à laquelle il signifie son intention de tuer le pape (Thèse Hentze).

LA FILIÈRE

Il est mystérieusement assisté en Turquie et en Iran, puis conduit en Europe, via la Bulgarie [1].

Nous n'avons aucune peine à partager le sentiment que Ali Agca n'a pas pu s'évader de Cartel Maltepe sans la complicité d'une organisation profondément infiltrée dans l'appareil policier turc. Il ne suffit pas d'un uniforme et de quelques dizaines de milliers de dollars pour passer sept contrôles militaires à l'intérieur d'une forteresse.

Il faut se rappeler le climat politique du moment. C'est l'époque de la terreur noire : des milliers de progressistes sont exécutés par A. Turkesh et ses Loups Gris; les chances d'un pouvoir fasciste sont grandes.

Cette montée du fascisme a sécurisé Agca. Il avait pris soin, le 20 janvier 1979, de faire établir un passeport, mais il ne cherche pas à quitter le territoire après le meurtre d'Ipekci. Après un court séjour à Malatya, il a repris ses activités à Istanbul. Il aura fallu la promesse d'une prime de cent mille dollars lancée par l'association des journalistes, pour que le meurtrier d'Ipekci soit dénoncé.

*

Dans les rangs des militaires et de la police, les complicités avec l'extrême droite s'expriment ouver-

1. Troisième thèse de Paul Hentze et Claire Sterling. ,

234

tement. Ainsi à Nevsehir, la police délivre ouvertement les faux passeports aux Loups Gris.

La gauche en revanche est en plein désarroi.

Sous la direction de Celik et Tunaidin, les néo-
nazis mettent en œuvre des moyens financiers et
humains importants pour sortir de prison l'un des
leurs : celui qui a eu le mérite de déclencher le
processus de la terreur, celui qui aime à rappeler
qu'on le surnommait l'« empereur » depuis le
collège.

C'est dans ce climat de terreur que Mehmet Ali
Agca procède à l'exécution de « ses donneurs ».
Aurait-il eu besoin de cette œuvre de « justice
sommaire », si son arrestation et ses aveux avait été
fabriquées pour les besoins d'un scénario de la
gauche aux abois?

L'hypothèse d'un « agent » protégé par les services bulgares ne tient pas davantage lorsque l'on suit
la vingtaine de complices qui, de tanière en tanière,
assurent la fuite d'Agca vers l'est de la Turquie.

Paul Hentze, en prenant de multiples précautions,
évoque une hypothèse plus audacieuse en ce qui
concerne la fin du périple. En janvier 1980 Agca est
à Irzurum et, de là, il se rend en Iran au travers de
l'Azerbaïdjan. Il y restera plusieurs mois avant de
réapparaître à Irzurum pour préparer son voyage
vers l'Europe. Les conditions de son séjour en Iran
sont mal déterminées. Hentze lance l'hypothèse du
séjour à Simferopol.

C'est là qu'il aurait reçu des instructions précises de la part des Soviétiques. On aurait même indiqué à Agca qu'on ne lui demandait pas de tuer le pape, on souhaitait seulement que Jean-Paul II soit incapable d'assumer ses fonctions ».

Pour soutenir cette thèse, Hentze rappelle l'attitude des pays de l'Est à l'égard de ce pape slave.

Il cherche à la caricaturer en une attitude d'hostilité.
Rappelons la réalité :

Depuis quatre cent cinquante six années, c'est la première fois que la couronne papale quitte l'Italie. Au surplus, par un accident imprévisible, le cardinal Koenig, sollicité notamment par les Églises américaines, a considéré qu'il était trop âgé. Il a proposé ce pape polonais qu'il connaît bien puisque l'aide de l'Église polonaise passe par l'intermédiaire de l'Église autrichienne.

En octobre 1978, Brejnev adresse un télégramme de félicitations, le pape répond. Les messages sont publiés dans la *Pravda*. Dans un article de *Novoe Vremya*, Yossif Grigulevitch a analysé l'élection de Wojtyla comme une défaite des conservateurs italiens, mais au fil du temps, poursuit Hentze, les communistes s'inquiètent de l'activité du Vatican.

Il est vrai que les Soviétiques sont irrités par les voyages incessants du pape : à Boston où il rencontre Mme Carter, aux Nations unies, à la Maison-

Blanche, au Brésil et enfin en Pologne. Pour preuve, Hentze cite la réunion à Berlin des partis communistes sur les problèmes de la Paix et du Socialisme; le 5 juillet 1979 la déclaration finale précise :

– « La politique du Vatican à l'égard des pays socialistes est entrée dans une nouvelle phase qui est marquée par un aiguisement des activités de l'Église et une volonté de la transformer en une opposition politique à l'intérieur des pays socialistes. »

En juin 1979 Jean-Paul II visite la Pologne pour la première fois. Gierek le reçoit. Des questions se posent : y avait-il pour les Soviétiques un intérêt à éliminer le pape? Oui! dira Hentze, ils ne veulent pas tuer le pape, mais seulement le mettre hors d'état de poursuivre son agitation à travers le monde.

Hentze qui ne va jamais aussi loin que Mme Sterling, sent bien la faiblesse de son argumentation. Avec la disparition du pape Jean-Paul II, les pays socialistes sont assurés du retour des grands cardinaux conservateurs italiens. Ils pensent même que le pape polonais est un moindre mal. Ils sont persuadés que Jean-Paul II, slave, ne commettra aucun acte pour encourager les interventions extérieures en Pologne. En revanche, ils savent qu'un pape italien n'aurait guère scrupule à soutenir une offensive généralisée contre la Pologne.

L'autre réserve tient à la chronologie des faits. Il est sans doute satisfaisant pour l'esprit d'associer le pape au développement du mouvement « Solidarité » et d'en conclure avec Mme Sterling qu'il y avait là un vrai motif pour décider de la mort du pape. Outre le fait de rappeler que les successeurs de Jean-Paul II risquent d'être pour le moins aussi dangereux en jouant d'un martyr polonais, il faut replacer la décision de tuer le pape à la date où, décidée et affirmée, elle sera minutieusement téléguidée; nous sommes en novembre 1979. Gierek est au pouvoir. Ni Walesa ni « Solidarité » n'ont une existence significative en Pologne. L'un et l'autre surgiront dans la vie politique polonaise et internationale en août 1980.

La thèse de la manipulation par les services secrets de l'Est ne repose ni sur le moindre témoignage, ni sur le moindre document, ni sur une motivation crédible.

LE QUATRIÈME MASQUE

– *« Le cœur du complot contre le pape se trouve à Sofia : centre stratégique du terrorisme international »*

La mafia turque et les services bulgares organisent le voyage d'Ali Agca vers l'Europe. Il entre en Bulgarie. Il fait étape à Sofia à l'hôtel Vitoscha. Son séjour dure cinquante jours : Celenk lui propose trois millions de marks pour tuer le pape. Mersan lui procure un passeport; l'arme du crime lui est remise par un Syrien. [1]

1. Quatrième thèse de Paul Hentze et Claire Sterling « Reader's Digest – Août- Sept. 1982.

LA FILIÈRE

**

Mehmet Ali Agca en Bulgarie. Le thème essentiel pour l'orchestre blanc : plus forte sera ancrée l'idée que Agca y connut la vie dorée des palaces, plus crédible devient la thèse d'une relation directe entre les services secrets bulgares et le tueur turc.

Des nuances séparent encore Hentze et Sterling. Pour le premier, Agca est manipulé; peut-être même l'est-il à son insu?

Pour la seconde, Agca devient l'hôte de la Bulgarie qui le connaît comme criminel, mais ferme les yeux, connaissant la mission à laquelle Agca est destiné.

Madame Sterling écrit :
– « Après son évasion, ses protecteurs lui font passer la frontière et le remettront à un autre membre de la filière. La clef de cette nouvelle étape, c'est le long séjour qu'il fait en Bulgarie avant de poursuivre son voyage vers l'Ouest.

Avoir pu séjourner, comme il l'a fait, une cinquantaine de jours dans ce pays, suffit à éveiller les soupçons » (Reader's Digest p. 337)

Elle est certes gênée, elle aussi, par ce passeport retrouvé à Rome sur Agca et qui porte deux dates : 30 août : sortie de Turquie vers la Bulgarie – 31 août : visa bulgare lors du passage de Bulgarie vers la Yougoslavie.

Comme ces deux visas contredisent la thèse des cinquante jours passés à Sofia, elle résout immédiatement la difficulté par une affirmation lapidaire :
– « Le visa de sortie des autorités turques à Edirne est un faux ».

Mme Sterling devient alors le principal témoin auquel feront référence les autres concertistes de la filière bulgare pour tenir comme établi, la réalité d'un séjour de près de deux mois dans les palaces de Sofia.

Les aveux tardifs et variés d'Agca n'ont pas simplifié la tâche des narrateurs. Il a tout d'abord déclaré au juge Martella qu'au moment où il passait la frontière entre la Turquie et la Bulgarie, il a été arrêté par la police bulgare. L'arrestation a eu lieu à Ka Pa Koulé; il était porteur de deux passeports et de trois milles dollars.

Le juge Martella a adressé une lettre aux autorités bulgares pour obtenir des explications sur ce point précis. Il espérait très certainement qu'une réponse négative pourrait l'aider à justifier son retard à se rendre à Sofia où il était invité officiellement.

Le contenu de la réponse au juge Martella fut rendu public au cours d'une conférence de presse de Boyan Traikov le 4 mars 1983 : voici donc la lettre :
– « Très honoré Docteur Martella, en réponse à votre lettre de février 1983 Le Procureur Général de la République Populaire de Bulgarie a donné aux

organes judiciaires l'ordre de faire tout leur possible afin de satisfaire à vos demandes.

Je suis autorisé à vous informer qu'à la suite d'investigations approfondies et de vérifications très poussées nous avons pu établir les faits suivants :

Premièrement. Aucune donnée n'a pu être établie sur un séjour en Bulgarie du citoyen turc Mehmet Ali Agca pendant la période 1979-1981. On n'a découvert personne qui le connaisse ou qui l'ait rencontré sous ce nom ou sous un autre nom : Metin, Singh, ou Kahf. Voilà pourquoi nous ne sommes pas en état de fournir de réponses concernant les motifs d'un éventuel séjour d'Agca en Bulgarie, ni de savoir qui l'aurait rencontré ou aurait entretenu des contacts avec lui, les hôtels dans lesquels il serait descendu et à quelle époque.

Nous sommes prêts à poursuivre les investigations si vous nous faites parvenir un portrait d'Agca ainsi que la description de ses signes distinctifs, si vous nous indiquez à quelles adresses il a habité, quelles ont été ses occupations, et s'il connaît quelqu'un en Bulgarie, ainsi que tous les détails que vous jugerez bon de nous communiquer.

Jusqu'à présent les données concernant le séjour en Bulgarie d'un étranger du nom de Hussein Kahf n'ont pas pu être confirmées.

Dans la nuit du 29 au 30 août, à proximité de notre frontière avec la Turquie, aucun individu n'a été arrêté répondant à ce nom, ou qui que ce soit d'autre, porteur d'un faux passeport et de trois mille dollars, comme vous l'indiquez dans votre lettre.

Il n'y a pas de localité ou de lieu-dit en Bulgarie et, à proximité de notre frontière avec la Turquie, qui porte le nom Kapa Koulé [1].

Le numéro de téléphone que vous indiquez dans votre lettre 62-41-51 est celui du standard de l'hôtel Vitoscha à Sofia. Il figure sur les prospectus et sur tous les documents officiels de l'hôtel, ainsi que dans l'annuaire téléphonique de Sofia.
Les numéros de téléphone : 12 431 et 13 421 n'existent pas plus à Sofia que dans sa banlieue.

A la suite d'investigations approfondies nous avons établi qu'en 1980 en République Populaire de Bulgarie sont entrées, ont séjourné et sont sorties dix-huit personnes du nom de Yoguinder Singh, tous ressortissants indiens et nés à des dates différentes. A certaines périodes de la même année en Bulgarie ont séjourné simultanément deux personnes ou davantage portant ce nom.

Afin d'élargir les vérifications et de pouvoir établir avec précision si Agca, sous le nom d'une de ces dix-huit personnes, a séjourné dans notre pays, il serait indispensable que vous nous communiquiez les déclarations d'Agca ou d'autres personnes qui pourraient nous permettre de procéder à une iden-tification éventuelle... »

---

1. Il semble qu'il s'agisse en fait du nom d'un poste frontière Turc : Kapikoule.

LA FILIÈRE

Bien entendu, le juge Martella se refusera à communiquer le moindre élément sur les aveux exacts d'Agca dont les déclarations empruntent au rocambolesque.

Les chroniqueurs de la filière y ont même perdu le fil de leur logique du « tueur protégé ».
Ils ne suivront pas les méandres des déclarations de Mehmet Ali Agca sur les circonstances du passage de la frontière turque vers la Bulgarie.

Mme Sterling (Reader's Digest p. 138 – sept. 82) reprend son récit en éludant les circonstances; elle se contente d'un vague conditionnel :
– « Agca serait rentré en Bulgarie avec un passeport indien assez grossièrement falsifié au nom de Yoginder Singh » et elle poursuit « Après avoir séjourné dans divers grands hôtels, il descend au Vitoscha, un véritable palace. »
« C'est là – écrit-elle – que lui a été remis par un « Syrien » dont il a apparemment oublié le nom, le Browning neuf millimètres dont il va se servir contre le pape. C'est là aussi qu'il s'est procuré le faux passeport parfaitement imité au nom de Faruk Ozgun par l'entremise d'une personne dont cette fois le nom lui est curieusement resté en mémoire.

– « A l'hôtel Vitoscha – écrit Agca – j'ai fait la connaissance d'Omer Mersan dont on m'avait parlé en Turquie. »

Il s'agit d'un Turc résidant à Munich qui est

« mêlé » à des trafics de cigarettes, de spiritueux et occasionnellement d'armes. »

Moyennant une somme de mille cinq cents dollars en marks, Mersan promet à Mehmet Ali Agca de faire venir le faux passeport de Turquie et de le lui livrer dans un délai d'un mois. Il lui présente aussi un mystérieux Bulgare du nom de Mustafa Eof qui fut plus tard accusé d'avoir joué un rôle clef en « actionnant » Agca. La rencontre a lieu à l'hôtel Vitoscha chambre 911. »

Du passage de cet article, Mme Sterling fait la clef de voûte de son accusation sur l'existence d'un filière bulgare. Malheureusement pour elle, le Turc ne s'en est pas tenu à cette seule version.

Les aveux tardifs de Ali Agca ne cessent d'être rectifiés, le plus souvent d'ailleurs pour que le récit s'adapte mieux à la thèse officielle. La sincérité du tueur est mise en cause par la presse.

Le journaliste Paolo Pozzesi écrit dans la revue *Nuevo Polizia* :
– « Après un an de silence, le Turc se met à parler, il raconte qu'en mai 1981 il se trouvait à Palma de Majorque d'où il aurait téléphoné à Francfort à Serdar Celebi, l'un des dirigeants des Loups Gris qui lui aurait transmis l'ordre d'assassiner le pape. La rencontre entre Agca et Celebi aurait eu lieu à la gare de Milan où le tueur déclare avoir reçu le pistolet dissimulé dans l'étui d'un appareil photo. »

De tels aveux ne conviennent guère aux tenants de la filière bulgare. Agca apporte donc des modifications.

– « La rencontre aurait eu lieu à Sofia en présence du trafiquant turc Bekir Celenk qui lui aurait proposé un milliard de livres (trois millions de marks) ».

De Mersan rencontré incidemment lors de l'établissement d'un passeport, on en arrive à un « complot » mis au point dans la chambre 911 de l'hôtel Vitoscha. Cette « chambre jaune » de l'hôtel comporte bien des mystères. Les registres de l'hôtel permettent d'en connaître les occupants au jour le jour. Il n'y figure ni Agca, ni Mersan, ni Celenk, pas plus que des inscriptions sous les noms qui figurent aux deux passeports du tueur : pas de Turc Ozgun, pas d'Indien Singh.

Que s'est-il passé à Sofia, à l'hôtel Vitoscha?

Ali Agca y aurait-il séjourné?
Y a-t-il rencontré Mersan et Celenk?
S'est-il fait remettre un passeport turc pour mille cinq cents dollars?
Est-ce à cette date qu'on lui offre trois millions de marks pour tuer le pape?
Lui a-t-on remis le Browning neuf millimètres qui servira à tirer sur le pape?

La réalité du séjour de Ali Agca à Sofia est liée très étroitement à la questoin du passeport.

En effet, ou bien Ali Agca dispose du passeport au nom de Farouk Ozgun depuis son départ de Turquie : dans ce cas les dates d'entrée et de sorties du territoire bulgare établissent qu'il est entré le 30 août, qu'il a passé une nuit en Bulgarie et qu'il est reparti le 31 août.

Ou bien Ali Agca fait accepter la thèse selon laquelle le passeport portant des cachets irréguliers lui a été remis à Sofia. Dans ce cas il rend plausible l'affirmation selon laquelle il est demeuré cinquante jours en Bulgarie.

Si Ali Agca ne dispose pas du passeport au nom de Farouk Ozgun lorsqu'il passe la frontière, c'est qu'il a utilisé le passeport indien au nom de Yoginder Singh.

Paul Hentze lui-même n'y croit pas, il écrit :
– « Il ne connaît pas assez l'anglais pour que soit crédible son passeport indien. »

Si même il avait pénétré avec ce passeport en Bulgarie, c'est avec cette identité qu'il se serait inscrit dans les hôtels; on y exige la remise du passeport dès l'accueil. Or aucun Yoginder Singh ne s'est inscrit à l'hôtel Vitoscha.

La thèse de la remise du passeport par Mersan ne tient pas. Agca, comme Omar Ay, son complice dans le meurtre d'Ipekci, s'est fait remettre son passeport lors de son séjour à Nevsehir le 11 août 1980 : passeport n° 136635 pour Agca et passeport n° 136636 pour Omer Ay. Avant eux Mehmet Shener et Abdoulah Chatli avaient bénéficié de la même filière : la direction de la Sécurité de la ville. Personne ne peut d'ailleurs contester le séjour d'Agca dans cette ville, bastion des Loups Gris.

La version de l'achat d'un passeport d'excellente facture, porté par Agca, lui a permis de transiter par la Bulgarie. Il est entré le 30 août, il en est sorti le 31 août. Il demeure possible qu'il ait passé quelques heures dans les restaurants, les halls ou le bar de l'hôtel Vitoscha, qu'il y ait entendu évoquer les noms de Mersan et Celenk, mais ni Mersan ni Celenk n'ont séjourné à Sofia pendant cette période, du moins sous cette identité.

Mersan, arrêté en Allemagne en mai 1981 et interrogé à Munich, a précisé qu'il a pu rencontrer Agca mais qu'il lui fut présenté sous le nom de « Metin » et qu'il n'a rien à voir avec le passeport. Omer Mersan a reconnu par la suite qu'Agca lui a téléphoné plusieurs fois à Munich.

L'offre de trois millions de marks faite par Celenk est vigoureusement contestée.

L'intervention de Celenk connut également des variantes : après la conjuration de l'hôtel Vitoscha, Agca donna une autre version : le 3 mars 1981, Agca rencontre Musa Serdar Celebi (il l'avait précédemment rencontré le 15 décembre à Milan, Celebi lui a remis environ cinq cents dollars pour le travail réalisé au profit de la Fédération turque.) Au cours de ce rendez-vous, Celebi lui annonce que Celenk lui propose trois millions de marks pour tuer le pape.

Celebi, arrêté à Francfort le 3 novembre 1982, et Celenk, arrêté en Bulgarie, contestent ces affirmations.

*
* *

Reste la question du Browning. La remise du pistolet par un Syrien à l'hôtel Vitoscha donne de la crédibilité à la prétendue conjuration. Mais il s'agit d'une version fantaisiste.

Les recherches sur la provenance de l'arme et l'arrestation du Turc Bagci en Suisse ont permis de tracer le cheminement du Browning.

A partir du numéro de série porté sur le Browning, le S.I.S.M.I. rédigea un rapport déposé le 25 mai 1981 qui établit que l'arme a été fabriquée dans les armureries de Herstal en Belgique.

L'arme a été vendue une première fois à Liège à un armurier qui la revendit à un collègue à Zürich. Le 9 juillet 1980 l'arme est achetée par un nommé Otto Tintner pour le compte de l'armurier viennois Horst Grillmayer.
L'arme ne rejoint pas l'Autriche; elle réapparaît dans les mains d'Ali Agca.
La firme Guillmayer, connue pour ses attaches avec les nazis, approvisionne les organisations d'extrême droite.

L'arme qui aurait dû se retrouver en Autriche, est finalement remise à Agca à Milan dans un étui d'appareil photo. C'est Bagci qui remet le Browning. Il le reconnaît lors de son arrestation. Les autorités suisses ont d'ailleurs intercepté une communication d'Agca dans laquelle il demandait à Bagci de lui procurer l'arme.

En mai 1982, Agca dévoile au juge Martella l'origine du revolver Browning. Il lui a été remis à Milan le 9 mai 1981 par le Turc Omer Bagci, leader des Loups Gris de la ville de Olkcen, en Suisse.

A la suite d'un mandat d'arrêt lancé par Martella, Omer Bagci est arrêté et inculpé de complicité.

Mme Sterling précisera qu'en fait [1]. : « Oral Celik a acheté l'arme à Horst Grillmayer à Vienne où Agca et Bagci étaient venus le retrouver. Ensuite l'arme a été confiée à Bagci qui devait la garder en lieu sûr, en Suisse. »

Lorsque le juge Martella accepta enfin de se rendre à Sofia, il fit vérifier, le plus discrètement possible le registre de l'hôtel Vitoscha. Il y apprit que les entrées sont notées au jour le jour à la main,

---

1. « Le temps des assassins », p. 145. Le mystérieux Syrien de l'hôtel Vitoscha a disparu.

sur un registre qui porte l'indication du nom et du prénom du client, sa date de naissance, sa nationalité, le numéro et le lieu de délivrance du passeport. Ce registre ne peut-être modifié puisque chaque entrée est en même temps enregistrée par l'ordinateur qui établira service par service, la facture du client – chaque facture est immédiatement intégrée à la comptabilité de l'hôtel.

L'hôtel Vitoscha dépend de la chaîne japonaise New Otani. Elle est gérée par une administration et un personnel bulgares. Un « superviseur » japonais est présent en permanence.

Les investigations du juge Martella à Sofia lui ont donc permis de se convaincre que la présence d'un « client » clandestin est impossible dans ce palace où l'on exige le dépôt du passeport.

Le registre des entrées quotidiennes en août 1980 a été soumis au juge Martella. En a-t-il dressé procès-verbal? Nous le verrons dans la procédure. On peut penser qu'il n'en fut rien, Martella, l'homme qui ne veut pas voir les cordes et qui cherche les bouts de ficelle, n'a pas voulu joindre au dossier les vérifications faites sur place, car elles excluent la présence d'Agca, de Mersan et de Celenk à l'hôtel Vitoscha en août 1980. Le juge Martella ne s'est livré à aucune vérification auprès des clients qui figurent sur le registre et qui ont occupé la chambre 911 pendant cette période. Il paraît utile d'en rappeler les noms.

LA FILIÈRE

Le 16 août 1980

Allemagne Fédérale, par Kalotina, 2824574/24.4.77
Breslau, 911, I. W., 1912, Bresslau.
Allemagne Fédérale, par Kalotina, 9770960/30.6.79
Bonn, 911, J. P., 1913, Bonn.

Le 19 août 1980

Beneranda Dominguez, 1911, Tenerife.

Le 22 août 1980

Suède, par Bourgas, 744557239/3.7.74, Vojerjoma,
911, G. C., 1949, Gallivomm (?).
Autriche, par Bourgas, 10166757/4.5.76, Gössling,
911, R. M., 1920, Stegerdol (?).

Le 26 août 1980

Grèce, par Kulate, F 333133/13.5.80, Pirée, 911
G. H., 1923, Pirée.
Grèce, par Rulata, F 058856/26.7.79, Athènes,
911, S. O., 1912, Istanbul.

Le 28 août 1980

Jordanie, par l'aéroport de Sofia, 856027/2.8.76,
Amman, 911, M. H., 1916, Amman.

Le 31 août 1980

Japon, par l'aéroport de Sofia, 794940/13.7.78,
Tokio, 911, F. K., 1905. sans données.

251

Japon, par l'aéroport de Sofia, 8057214/12.7.79, Tokio, 911, T. H., 1903, sans données.

Ainsi donc Mersan et Agca ont dû se métarmorphoser en vieilles dames japonaises pour occuper la chambre 911 le 31 août 1980. Martella n'a pas osé conclure dans ce sens; il a préféré « oublier » les vérifications de l'hôtel Vitoscha.

LE CINQUIÈME MASQUE :

« D'août 1980 à avril 1981, le K.G.B. et les services secrets bulgares financent à hauteur de cinquante mille dollars le périple de Mehmet Ali Agca en Europe. A Rome, Agca prend contact avec le Bulgare Antonov dont il reçoit les dernières instructions. »

Les duettistes de l'accusation Hentze et Sterling engagent un pari impossible : convaincre que du 31 août 1980, date de sa sortie de Bulgarie à Kalotina, jusqu'au 10 mai 1981 date de sa réapparition à Rome pour la préparation active de l'attentat, le tueur turc a été « protégé », « drivé », et entretenu à grands frais par les services secrets de l'Est.

Pour fausser les enquêtes et brouiller les pistes, disent-ils, le K.G.B. et les Bulgares ont pris soin de faire vivre Agca dans les milieux idéologiques d'extrême droite et plus particulièrement chez les Loups Gris.

Mme Sterling écrit :
— « De Yougoslavie, Mehmet Ali Agca se lance

dans une surprenante tournée européenne qui le conduit dans douze pays. Il n'y séjourne jamais longtemps et repasse souvent par les mêmes. Voilà donc un garçon de vingt-deux ans qui, sauf les quatre denrières années, à toujours vécu dans un village misérable de Turquie et ne connaît aucune langue étrangère sauf l'anglais qu'il parle avec difficulté et un fort accent, mais qui se déplace avec aisance d'une capitale à l'autre faisant des achats chez Saint-Laurent, sablant le champagne au « Biffi » à Milan, et passant en hiver de luxueuses vacances en Tunisie et aux Baléares.

Entre son évasion et son arrestation à Rome, il dépense cinquante mille dollars en billets d'avion et grands hôtels et il n'est jamais à court d'argent, car, dans ses déplacements, il n'encaisse pas un seul chèque. En dehors de son séjour en Bulgarie, Agca n'a donné de détails à ses interrogateurs italiens que sur une seule étape de son voyage vers Saint-Pierre de Rome. A Tunis, sur les instructions de Mersan, qu'il appelait souvent à Münich, il aurait rencontré de nouveau le Bulgare Mustafaeof » (Reader's Digest p. 139).

Le livre reprendra la même méthode pour éveiller la suspicion : on évoque le mystère et on pointe le doigt vers la cible choisie : l'existence d'un nouveau maillon de la filière bulgare.

Pour se faire immédiatement une idée de la puissance extrême que les chercheurs américains prêtent aux services secrets bulgares, il faut rappeler le périple d'Agca tel qu'il est décrit par Paul Hentze :

« 31 août : Agca sort de Bulgarie via la Yougoslavie.

3-8 septembre : Agca arrive en Allemagne de l'Ouest.

9-12 septembre : Agca séjourne à l'hôtel Ruetli à Zürich en Suisse.

3 octobre : L'ambassade turque à Bonn envoie une note au ministère des Affaires étrangères de R.F.A. signalant que Agca a été vu à Francfort. Elle demande son arrestation et son extradition.

27-31 octobre : Agca séjourne à l'hôtel Kröne à Lucerne en Suisse.

6 novembre : L'ambassade turque à Bonn adresse à la R.F.A. une seconde note signalant la présence d'Agca à Berlin.

25 novembre : Agca est impliqué dans le meurtre de Necati Uygur de Kempten.

30 novembre : Agca s'envole de l'Italie vers Tunis. A l'hôtel du Lac, il rencontre le Bulgare Mustafaeof qui lui propose d'assassiner Bourguiba et Mintoff, Premier ministre de Malte. Lors de la rencontre prévue de 12 décembre. Agca refuse. Il réapparaît à Hammamet (Hôtel Continental) où il reste jusqu'au 13 décembre.

11 décembre : Troisième note de l'ambassade turque à l'Allemagne signalant la présence d'Agca à Berlin.

13 décembre : Agca quitte Tunis par ferry-boat et débarque à Palerme; il séjourne à l'hôtel Liguria.

Fin décembre : Agca serait à Rome pour prendre contact avec les agents bulgares.

Début janvier : Agca rencontre les Bulgares à l'hôtel Archimède à Rome. Il discute de l'assassinat de Lech Walesa.

18 janvier : Walesa visite le Vatican.

19 janvier : Agca s'installe à la pension Isa à Rome.

4 février : Agca est reconnu par un Turc, alors qu'il est au café « Biffi » à Milan. Il s'enfuit avant l'arrivée de la police.

6 février : Agca séjourne à l'hôtel Anker à Aoroun en Suisse.

3 mars : Agca rencontre Musa Serdar Celebi à Zürich. Celebi lui aurait transmis l'offre de Bekir Celenk d'une somme de trois millions de Deutsche marks pour tuer le pape.

3 avril : Agca entre en Suisse arrivant d'Autriche. Sans doute pour confier le Browning à Omer Bagci à Olten.

5-7 avril : Agca revient à Rome à l'hôtel Archimède. Il reprend contact avec les Bulgares.

8-10 avril : Agca quitte Rome par le train pour Pérouse où il effectue les formalités pour s'inscrire à l'Université.

11-12 avril : Retour à Rome, hôtel Torino. Il téléphone à Hasan Taskin à Sarstadt Hildesheim, en R.F.A.

12-15 avril : Voyage rapide en Autriche.

19 avril : Agca s'inscrit à Milan pour deux semaines de vacances à Palma de Majorque.

25 avril-8 mai : Séjour d'Agca à Palma de Majorque, hôtel Flamboyant. Il téléphone à Celebi, à Francfort.

— « J'ai reçu l'argent promis, je retourne maintenant à Rome pour finir le travail. »

Il téléphone à Bagci à Olten en Suisse et lui donne rendez-vous pour le 9 mai à Milan.

9 mai : Agca rencontre Bagci à Milan et se fait remettre le revolver. Il prend le train pour Rome et s'installe à la Pension Isa où une chambre a été réservée pour lui.

**

Toutes les polices occidentales ont reçu d'Interpol le signalement d'Agca. Les polices allemande et italienne sont alertées par l'ambassade de Turquie. La police suisse intercepte les communications d'Agca qui demande que l'arme lui soit remise à Milan. Dans cette ville, sa présence a déjà été signalée et il a failli être arrêté.

Les Loups Gris n'en continuent pas moins, en toute sérénité, la préparation de l'attentat. Ils sont dirigés par Musa Serdar Celebi, chef de la Fédératon des Loups Gris en Allemagne.

Agca rencontre aussi : Shener et Abdoulah Chatli, ses complices dans le meutre d'Ipekci, Oral Celik le Loup Gris auquel il est attaché depuis Malatya, Omer Bagci chef des Loups Gris à Olten en Suisse, Omer Ay cet autre Loup Gris qui reçut en même temps qu'Agca un faux passeport à Nevsehir, et Hasan Taskin un Loup Gris qui vit en Allemagne, lié aux milieux de la drogue et des trafics d'armes.

De quelque côté que l'on regarde les activités d'Agca en Europe, on y rencontre la puissante organisation des Loups Gris dont l'état-major est installé à Francfort-sur-le-Main en R.F.A. Les liens d'Agca à travers l'Europe passent par les tanières des Loups Gris.

L'itinéraire d'Agca a été relevé avec soin. Des enquêtes ont apporté des éléments qui établissent sans erreur possible que l'organisation néo-nazie turque a suivi Agca jusqu'à la place Saint-Pierre. Celebi arrêté, n'a pas reconnu avoir entièrement financé le tueur, mais il n'a pas su cacher avoir versé des sommes importantes à Agca pour « régler » des services rendus aux Loups Gris en Allemagne. Son rôle est donc de tout premier plan.

On ne voit guère comment les services secrets bulgares auraient pu, dans un tel contexte, contrôler Mehmet Ali Agca, sauf à convenir avec les « concertistes américains » que derrière chaque Loup Gris il y a un parrain de la mafia turque et que derrière chaque parrain il y a un agent secret de l'Est.

Curieux « services secrets » que ces bulgares dont il faut croire qu'ils ont organisé le périple d'Agca en Europe en prenant soin de faire vivre le tueur turc au plus près des agents de la C.I.A.

Comment imaginer que les agents de l'Est auraient pu envoyer Mehmet Ali Agca en R.F.A., dans l'organisation néo-nazie la plus contrôlée par les Américains pour préparer un attentat contre le pape?
Comment penser que Ruzi Nazar, l'agent célèbre de la C.I.A. intimement mêlé aux idéalistes et aux Loups Gris turcs, aurait pu ignorer que ses amis

Celebi, Shener, Bagci, Celik hébergeaient et rencontraient le tueur qui avait annoncé sa décision d'exécuter le pape?

Comment les Loups Gris auraient-ils pu garder des liens étroits et permanents avec Mehmet Ali Agca, s'ils n'avaient pas connu la nature et l'origine de l'aide financière apportée au Turc, qui lui permettait de voyager en Europe et de fréquenter les plus grands hôtels?

Décidément la thèse de la manipulation d'Agca a bien des difficultés à devenir crédible.

Il en est de la guerre idéologique comme des religions, la foi mobilise l'opinion dès lors qu'apparaissent les prophètes. Il faut mettre un nom sur l'homme-dieu réincarné. La filière bulgare a aussi ses nécessités. Le point de départ est fragile; nos « chercheurs américains » retiennent deux noms Mersan et Mustafa Eof.

Mersan : on lui donne un rôle trop grand pour lui : on veut en faire un agent double agissant sur ordre de la mafia turque pour le compte des agents de l'Est. L'habit craque de partout, l'homme interrogé dont la police allemande connaît les activités, ne correspond pas au personnage qu'on veut lui assigner.

L'orchestre blanc est contraint de changer de piste : Il reste ce Mustafa Eof : ce mystérieux Bulgare que Agca aurait rencontré à Sofia, à l'hôtel

Vitoscha. Cité incidemment dans une avalanche de déclarations au cours desquelles Agca se déclare en même temps terroriste arménien et palestinien, il devient, au fil du scénario, une puissance mystérieuse, aussi bien présente à Sofia qu'à Hammamet, à Tripoli ou à Rome. Il est partout, partout le cerveau, partout le maître-chien d'Agca le tueur manipulé jusque sur la place Saint-Pierre de Rome.

Le journaliste Julien Manyon de la télévision britannique précède Marvin Kalb de N.B.C. On lui confie le soin de donner de l'épaisseur au « contrôleur » d'Agca? Il publie ses hypothèses au cours de l'été 1981. Bernard Lecomte du journal *La Croix* les évoquent le 17 septembre 1981 :

— « Manyon s'est aussi rendu à Rome où certains de ses contacts — en particulier le journaliste Francesco d'Andrea, très proche du Vatican — lui ont confirmé que l'hypothèse de l'implication des services secrets de l'Est dans l'attentat contre le pape n'était pas du tout écartée.

C'est à Sofia aussi que Mersan présenta à Ali Agca un mystérieux Bulgare nommé Mustafa Eof qui pourrait être le « contrôleur » d'Agca. Celui-ci lors de ses interrogatoires, a toujours démenti que Mustafa Eof ait le moindre lien avec l'attentat contre le pape, mais il semble que les services de sécurité italiens n'aient pas été convaincus par ses dénégations.

L'enquête, pour l'instant, ne permet pas de dépasser le stage des hypothèses. Mais celles-ci semblent suffisamment fondées pour que le Vatican ait discrètement prévenu le Département d'État Américain. C'est ce qu'affirme Julien Manyon, qui tient ce renseignement d'un proche de Caspar Weinberger, secrétaire à la Défense. »

Bernard Lecomte qui rend compte complaisamment de « l'hypothèse Manyon est toutefois obligé de conclure :
– « Ce que le Vatican a aussitôt démenti dans un bref communiqué qui n'a pas convaincu Manyon, lequel poursuit son enquête. On en est là. »

Ce « Mustafa Eof ne manque pas de perspective puisqu'il est apparu dans les déclarations d'Agca au moment où celui-ci affirmait qu'on lui avait demandé d'abattre un « symbole » de l'impérialisme en choisissant entre au moins quatre personnes : La reine d'Angleterre : il a refusé car le Turc musulman ne tue pas une femme, le président du parlement européen : Simone Weil (sans doute eut-il les mêmes réserves), le secrétaire général de l'O.N.U. : Kurt Waldheim et le pape.

Mustafa Eof, l'homme mystère, est sans doute mi-musulman, mi bulgare puisqu'on le soupçonne d'être aussi facilement présent à Sofia qu'à Tunis.

En Tunisie, la cible est d'une autre nature, il s'agit, dit Hentze[1], d'assassiner deux hommes politiques le président Bourguiba et le Premier ministre de Malte M. Mintoff.

1. The plot to kill the pape, p. 168.

Paul Hentze suggère habilement les liens entre l'espion-mystère bulgare et la Libye.

– « Que fit Agca à Hammamet la plus grande partie des deux semaines? Aucune information n'est venue nous éclairer mais la Libye n'est pas très loin de l'Est. On peut naturellement supposer qu'il y a eu un aller-retour en Libye.

Mustafa Eof n'a-t-il pas agi pour le compte de Khadafi quand il a proposé le double assassinat de Bourguiba et de Mintoff? [1] »

D'hypothèse en hypothèse, l'orchestre blanc donne consistance à l'« agent bulgare » : Mustafa Eof qui possède cette particularité de ne laisser aucune trace de son passage dans aucun pays. Le journal *Le Point*, du 9 décembre 1982, reprend l'essentiel des objectifs idéologiques.

– « Alors, de Mustafa Eof à Serguei Antonov, et de Sofia à Rome, se soudent autour d'Ali Agca les maillons contraignants de la chaîne bulgare.

A ce point évidemment, une question se pose :

Pourquoi des communistes bulgares enrôlent-ils un extrémiste de droite, fanatique islamique de surcroît, pour tenter d'abattre Jean-Paul II? D'abord, c'est que l'idéologie classique, les clivages occidentaux n'ont ici guère de sens. Que signifient nos conceptions de « droite » ou de « gauche » appliquées à des ultras de l'Islam? Où classer intelligemment, selon ces critères d'Europe, un Khomeiny, un Khadafi, ou en l'occurrence un Ali Agca? Ils sont, certes, anticommunistes. Mais d'abord tellement

1. The plot to kill the pape, p. 168.

261

hostiles à l'Occident. Alors pourquoi ne seraient-ils donc pas utilisables ? Objets de manipulation ?

Mehmet Ali Agca présentait les caractéristiques requises pour faire un « bon agent d'exécution ». Bien borné. Bien buté. Bien obstiné. »

Le séjour d'Agca effectué à la mi-janvier en Italie prendra une nouvelle importance lorsque le Turc complétera ses aveux en indiquant qu'il a été sollicité pour organiser un attentat contre Lech Walesa lors de sa visite à Rome le 18 janvier 1983. Il ajoutera que d'autres projets existaient contre des personnalités italiennes : Lama Benvenuto et Carnitti.

Cette nouvelle affaire est confiée à deux autres juges italiens : Priore et Imposimato.

Le dernier juge instruit le dossier du syndicaliste italien Scricciolo qui aurait avoué avoir eu des relations avec des agents bulgares et dont Agca affirme qu'il était au courant du projet d'assassinat du leader de Solidarnosc.

Qui sont Luigi Scricciolo et Paola Elia, son épouse, qui ont été arrêtés en février 1982 pour espionnage politique et militaire et participation à l'activité de bandes armées (Brigades Rouges) ?

Le journal italien *Panorama* répond, en avril 1983, page 43, page 45 :

– « Après des heures et des heures d'interrogatoires, les relations ténébreuses du syndicaliste de l'Union Italienne du Travail avec l'ambassade américaine devinrent plus précises et causèrent alors des ennuis à ces fonctionnaires des U.S.A. avec lesquels Scricciolo entretenait les contacts les plus directs, tout d'abord à Patrick Del Vecchio, deuxième secrétaire à l'ambassade de Rome qui a été rappelé il y a quelques mois et ensuite à Antony Freeman qui s'apprête ces jours-ci à retourner à Washington. Dans le même temps, les chefs de la représentation de la C.I.A. à Rome tombaient en disgrâce. Et pour quelle raison? Quelle était leur faute?

Le sujet « Scricciolo » est un sujet tabou à l'ambassade américaine. Mais après les semi-aveux et les révélations nous parvenant des U.S.A., la vérité commence à apparaître : les fonctionnaires américains auraient été trop désinvoltes dans leurs relations avec leur agent Scricciolo.

Les premiers contacts entre des diplomates des U.S.A. et le couple Scricciolo-Elia date de décembre 1980, et plus exactement de l'époque après leur coup de maître de Gdansk.

Le 26 novembre de la même année, Scricciolo et Elia étaient les premiers syndicalistes occidentaux à avoir réussi à contacter Lech Walesa en personne et à l'inviter à se rendre en Italie, sa première sortie de Pologne.

LA FILIÈRE

La cote du couple monta encore quelques mois plus tard, lorsqu'il organisa deux rencontres secrètes des délégués de « Solidarnosc » à l'ambassade américaine à Rome. La première était avec le conseiller Freeman et la seconde avec Tom Kahn, l'auxiliaire de Lan Kirkland – le puissant président américain Afl – Cio.

Parallèlement aux rapports entretenus avec l'ambassade de la rue Veneto à Rome (Scricciolo y allait presque toutes les semaines sans que la direction de l'Union Italienne du Travail en fût informée) les deux syndicalistes ouvrent un deuxième front à Paris, avec les Américains. L'interlocuteur préféré était Irwing Brown, à cette époque chef du département « Europe » de la Afl – Cio et, de nos jours, responsables de la section « Politique extérieure » du syndicat américain à Washington.

Le couple de jeunes cadres dirigeant l'U.I.T., qui sont littéralement des anticommunistes enragés, plaisent exceptionnellement au vieux syndicaliste qui, selon les documents rendus publics du département d'État des U.S.A. eut un rôle actif après la guerre dans le financement de l'activité scissioniste au sein des syndicats italiens et qui était aussi l'intermédiaire entre le syndicat américain, la C.I.A. et les syndicats européens.

Elia jouit de la faveur particulière de Brown qui l'invita à participer aux premiers entretiens organisés à Paris dans le but de constituer un comité international de soutien à « Solidarnosc ». Cette initiative échoua. »

Un lettre de la C.I.A. à Scricciolo est publiée par le journal italien *Sette Giorni*. Elle est signée par Irwing Brown.

– « Cher Luigi, en rapport avec nos entretiens des 26 et 27 mars à Paris je t'envoie copie de ma lettre adressée à Otto. Comme tu pourras t'en convaincre toi-même, elle prouve qu'à présent, même l'Afl – Cio est prête à soutenir ouvertement la cause de nos amis polonais. Cette somme est, naturellement, une marque symbolique exprimant nos sympathies sincères à l'égard des efforts déployés par « Solidarnosc ». Dans ce sens tu pourras mettre nos bons amis polonais dans la confidence. Je peux te dire aussi que Otto et nos amis communs apprécient hautement tes efforts épuisants et risqués et ton apport aux événements historiques qui ont lieu actuellement en Pologne. J'attends avec impatience le jour où, après ton retour du prochain voyage, nous pourrons nous rencontrer et parler à Paris... »

On peut difficilement imaginer que Agca ait mis en cause Scricciolo sans avoir reçu préalablement l'assurance que le « syndicaliste » se prêterait au scénario. Un rôle actif pouvait d'autant mieux lui être imputé qu'il était chargé de la sécurité de Walesa.

Contre toute attente et malgré les pressions, Scricciolo refuse de se prêter au scénario. Il oppose de vigoureuses dénégations.

Un attentat contre Lech Walesa n'aurait d'ailleurs pas présenté beaucoup de difficulté souligne

Harry Schleicher dans le journal ouest-allemand *Frankfurter Rundschau*.

– « J'étais aussi à l'hôtel Victoria où était installé Walesa lors de son séjour à Rome. Il n'y avait absolument aucun service de sécurité, et si quelqu'un avait prévu de perpétrer un attentat quelconque, il aurait pu le faire sans rencontrer d'obstacle. »

Lorsque Walesa séjourne à Rome, le 19 janvier 1981, Agca est déjà installé à la pension Isa, cet hôtel situé à quelques centaines de mètres de la place Saint-Pierre.

Il y reviendra le 9 mai après un nouveau périple : la chambre a été réservée par une personne qui parlait parfaitement l'Italien, dira le directeur de l'hôtel. Ali Agca n'a donc pas fait lui-même la réservation. C'était « Antonov » affirme le Turc. Antonov parle l'italien, mais son langage est scolaire, il a un accent très marqué. Il ne peut être l'homme qui a retenu la chambre par téléphone.

Du 19 janvier au 8 mai, Ali Agca effectue un nouveau périple. Il a failli être arrêté à Milan le 4 février à la suite d'une dénonciation d'un Turc qui l'a reconnu. La police arrive trop tard au café Biffi. Agca a disparu.

Le 6 février le tueur turc est à nouveau en Suisse, d'abord à Aaran, puis à Zürich.

Le 3 mars, il a une dernière réunion avec Musa Serdar Celebi. Celebi lui confirme le montant de la prime de trois millions de Deutsche marks.

LA FILIÈRE

Celebi joue un tout premier rôle dans la chaîne des complices du tueur. La rencontre se déroule bien à Zürich. Celebi est l'un des bailleurs de fonds de Agca; c'est une réalité qu'il est difficile de contourner et qui renvoie à l'état-major des néo-nazis turcs.

* *
*

Musa Serdar Celebi, un étudiant en droit de l'université d'Istanbul, âgé de vingt-huit ans, est le chef des Loups Gris à Francfort-sur-le-Main. Interviewé au lendemain du 13 mai, il condamne vigoureusement l'attentat contre le pape. Hentze voit dans cette déclaration la preuve que Agca n'a pas agi pour le compte de l'organisation d'extrême droite. Curieuse naïveté.

Rappelons que Celebi qui appartient au parti du Mouvement National de Turkesh est associé dans la société Tümpas à Mehm et Sandir. Celui qui paie le voyage d'Agca vers l'Europe (témoignage de Timur Selçuk) [1].

C'est encore lui qui accueille et héberge Agca en Allemagne de l'Ouest, à Francfort-sur-le-Main. Lorsque Agca est impliqué dans le meurtre de Necati Uygur en R.F.A. (un adversaire de Celebi) et qu'il doit fuir ce pays; les liaisons téléphoniques maintiennent le contact. Des rendez-vous sont pris en Italie et en Suisse. A Milan d'abord où le 15 décembre 1980, Musa Sedar Celebi remet des fonds à Agca : mille Deutsche marks [2].

1. The plot to kill the pape, p. 160.
2. Id., p. 169.

LA FILIÈRE

***

Lors de son séjour à Palma de Majorque, Ali Agca téléphone à Celebi à Francfort, c'est en avril 1981 :

– « J'ai reçu l'argent. »

« Je retourne à Rome pour finir le travail promis ». Il appelle alors immédiatement Omer Bagci en Suisse et lui donne rendez-vous à Milan le 9 mai pour me faire remettre le Browning. Arrêté enfin le 5 novembre 1982, Celebi prétendra que Agca lui a été présenté sous le nom de « Murat ».

***

Les liens entre Agca et Celebi sont très étroits dans la préparation de l'attentat contre le pape. Celebi sait qui sont les protecteurs d'Agca, il connaît les sources de cette aide financière qui ne manque à aucun moment.

Ali Agca est très soigné, il règle comptant, d'avance et en espèces, toutes ses dépenses. Il vit largement. Le 19 avril, on peut reconstituer qu'il a passé la nuit en Autriche avec une prostituée « Georgina ».

La présence attentive et constante de Musa Serdar Celebi ne pouvait échapper aux polices et aux autorités italiennes dès le 13 mai 1981. Pour quelles raisons a-t-on renoncé à évoquer cette « complicité » évidente lors de la première information? Pourquoi Martella ne s'est-il pas intéressé en priorité à une piste qui lui était signalée aussi bien par la R.F.A. que par la Suisse et la Turquie? Était-il gêné par le fait que la piste Celebi remontait immédiatement à l'état-major des nationalistes turcs à Francfort, à Gutleistrasse.

Pourquoi les investigations de Martella ne se sont-elles pas immédiatement orientées vers une collaboration avec le Parquet de Francfort qui connaît les « protections » de Celebi? Comment le juge peut-il expliquer son obstination à ignorer que Musa Cedar Celebi, lié à la mafia turque est placé sous la haute autorité d'Enver Altayli, ce fasciste turc qui entretient des relations suivies avec Ruzi Nazar ce bien curieux diplomate de l'ambassade des États-Unis.

Les « aveux tardifs d'Agca » ont enfin libéré Martella de son cauchemar.

Selon Agca, Celebi n'est plus le chef de la puissante organisation des Loups Gris, c'est le pâle commissionnaire d'un trafiquant qui agit pour le compte des Bulgares : Bekir Celenk placé sous contrôle des autorités bulgares.

Selon Mehmet Ali Agca, Celebi est chargé par Bekir Celenk de payer la prime de trois millions de Deutsche marks, telle qu'elle avait été fixée à Sofia, lors de la rencontre à l'hôtel Vitoscha.

Martella n'a pas vu la corde qui lie Agca, Celebi et Altayli; il continue de chercher un fil aussi ténu qu'incertain. Le juge doit souffrir de ces sortes d'éblouissements qui empêchent brutalement de voir les poids lourds qui circulent en sens inverse.

Déjà avec la Lockheed, il s'était rendu célèbre en refusant de voir ce que tous les journalistes reconnaissaient : l'implication du président Léone parmi les bénéficiaires de pots de vin, alors qu'il était évident que le président de la République avait bénéficié des largesses de la Lockheed à l'époque où il était Premier ministre. Il figurait sur les carnets de la Lockheed sous son nom de code Antelope Cobbler. Toute l'Italie savait, sauf Martella qui refusait de voir.

Ainsi donc, au début de l'année 1981, Agca n'est pas seul dans le désert. Les services turcs suivent sa trace, les polices suisses et allemandes interceptent ses communications téléphoniques, sa présence en Italie est signalée depuis le 4 février.

Les aveux d'Agca n'en sont que plus surprenants lorsqu'il fait remonter ses relations avec Antonov au mois de janvier 1981. C'est par téléphone que Antonov lui a parlé de l'attentat contre le pape. Ils se sont rencontrés. Antonov portait une barbe.

La presse affirmera, pour conforter les aveux, que Agca connaissait par cœur les numéros de téléphone de Antonov et Aïvazov.

En fait, aucun des deux Bulgares ne dispose d'une ligne téléphonique privée. C'est donc à l'agence

Balkan-Air que Agca prend contact avec Antonov pour s'entretenir d'un complot secret. Avec Aïvazov, c'est à l'ambassade.

Un agent de liaison qui ne parle pas la langue de son subordonné, des contacts par téléphone en des lieux aussi surveillés qu'une ambassade ou une agence étrangère : comment les services secrets, fussent-ils de l'Est, pourraient-ils manquer à ce point à la plus élémentaire des précautions : l'efficacité et la discrétion des liaisons?

*
* *

Selon la thèse d'Agca, l'attentat est préparé dans l'appartement du diplomate bulgare Ivan Dontchev – 36 rue Galiani. Serguei Antonov participe à cette réunion.

A l'occasion de ce séjour, Agca prétend déjà avoir rencontré Rossitza Antonov. Antonov, dit-il, lui présente son épouse au restaurant Picadilly à Rome. Or, Rossitza ne pouvait pas être présentée, elle n'était pas à Rome. En janvier 1981, elle vivait à Sofia.

On imagine qu'une précision de cette nature exige des vérifications immédiates.

On s'aperçoit que Martella ne montre guère d'empressement à établir le mensonge du tueur. Boyan Traikov s'en étonne :

– « Antonov ne se trouvait pas à Rome en janvier, quoique Agca affirme avoir fait sa connaissance au restaurant Picadilly. Il me semble que pendant ce mois elle ne se trouvait pas à

Rome. L'aéroport de Fiumicino étant bien plus proche de Rome que de Sofia, qu'on ait l'obligeance de s'adresser aux autorités de l'aéroport de Fiumicino pour vérifier que, le 29 décembre, Rossitza Antonova avait pris l'avion pour Sofia et qu'elle n'était revenue en Italie que le 2 février 1981, toujours par le même aéroport. Par conséquent, elle ne se trouvait pas à Rome au mois de janvier.

Excusez-moi, mais une telle ligne de conduite adoptée par les autorités concernées n'est pas pour me plaire. Je ne veux pas être brutal, mais convenez-en, j'ai dit que Fiumicino n'est qu'à une vingtaine de kilomètres de Rome et on ne se donne pas la peine de procéder à cette vérification, mais on nous demande de la faire depuis Sofia. Je vous demande où est la logique! »

Un fait nouveau semble conforter la thèse de Mehmet Ali Agca. Quatre Bulgares ont séjourné à l'hôtel Victoria qui doit héberger Walesa. Là encore les réponses sont claires. *Republica* écrit :

« A cette époque, à l'hôtel Victoria, s'installent aussi quatre Bulgares qui, selon le directeur de l'hôtel, sont des cadres techniques venus en Italie pour signer des contrats pour la construction de ports et de ponts en Bulgarie.

L'enquête italienne a constaté que la note à l'hôtel a été payée par une entreprise italienne. »

LA FILIÈRE

Les quatre Bulgares ont quitté l'hôtel, vers midi, avant même l'arrivée de Lech Walesa.

« L'attentat contre Walesa devait être perpétré à la bombe dit Agca, soit dans la « Maison du Pèlerin » où Walesa s'est installé le premier jour, soit à l'association des journalistes étrangers au centre de Rome, ou bien à l'hôtel Victoria. »

Priore et Imposimato procèdent à l'interrogatoire et aux confrontations de tous les témoins; après quoi, ils se déchargent du dossier en avril 1983.

Le juge Imposimato n'as pas jugé bon de joindre cette affaire au dossier Scricciolo. L'enquête confirme la bonne foi avec laquelle Scricciolo nie farouchement une participation à un tel complot contre Walesa.

Les révélations du tueur turc n'ont pas la même force de conviction auprès de tous les magistrats italiens.

Cet épisode aurait dû éclairer le juge Martella. Il n'en est rien. Écartant la fable de l'attentat contre Lech Walesa, le magistrat retient l'affirmation d'Agca selon laquelle dès janvier 1981 Antonov est en relation avec le tueur turc.

Les contacts se prennent par téléphone. Comme Antonov n'a jamais eu de ligne privée à son domicile (curieux agent secret) c'est donc au siège de l'agence Balkan que Agca demande des instructions et prépare ses rendez-vous.

* * *

A cette étape du « complot », le juge Martella refuse de se poser la fameuse question : en quelle langue le Turc qui ne parle que le turc et le Bulgare qui ne parle que le bulgare ont-ils pu communiquer ?

Mme Sterling a pris soin de souligner que Agca ne parle que quelques mots d'anglais et avec difficulté. Paul Hentze nous a dit que le passeport indien d'Agca ne pouvait être utilisé, car le Turc ne parle pas l'anglais. Antonov lui, qui s'exprime en italien, ne connaît que quelques formules techniques anglaises qui servent à la navigation aérienne.

Comment diable leurs relations téléphoniques ont-elles pu s'établir même si Agca connaît par cœur après dix-huit mois d'isolement le numéro de l'agence Balkan où travaille Antonov ?

Paul Hentze se livre à une pirouette « les Bulgares connaissent le turc, les conversations ont lieu dans la langue turque ». Une telle évidence ne suffit pas à enseigner le turc à Antonov qui n'en connaît pas le moindre mot.

Ainsi donc, les services bulgares auraient choisi un « agent de liaison » incapable de communiquer normalement avec Mehmet Ali Agca. Ce n'est pas l'un des moindres paradoxes qu'il faudra accepter pour croire à la filière bulgare.

LE SIXIÈME MASQUE

10 - 11 - 12 - 13 Mai 1981 Agca - Antonov – Aivazov - et Vassilev ont participé aux préparatifs de l'attentat [1].

Selon Agca, le contact avec Antonov est repris par téléphone, même si on ne connaît toujours pas la langue choisie. Antonov propose à Agca un rendez-vous dans son appartement à Rome – 29, avenue Pola, à une centaine de mètres de l'agence Balkan-Air. Agca retrouve l'agent bulgare vers 16 heures.

Le 10 mai 1981, affirme Agca, notre discussion a porté sur la préparation de l'attentat. Le juge Martella a fait perquisitionner chez Antonov. Il a saisi une pièce qu'il considère comme essentielle : il existait chez Antonov un plan de la Cité du Vatican.

Ce plan, c'est celui qu'achètent pour quelques lires, les centaines de milliers de touristes qui visitent Rome. Antonov s'est procuré le sien comme tout le monde dans une librairie, et on ne voit guère comment ce plan peut avoir quelque chose de suspect. Il est vrai que le dossier d'Antonov est tellement maigre que Martella s'accroche à la moindre apparence d'indice.

1. C'est la thèse de Paul Hentze et de Claire Sterling à laquelle le juge Martella consacrera le plus d'énergie.

Agca évoque la réunion dans l'appartement d'Antonov et donne des précisions qui font penser à une connaissance parfaite des lieux. Il indique qu'il s'agit d'une pièce-studio; il fait l'inventaire du mobilier. Il s'agit d'un petit appartement loué en meublé pour le personnel de Balkan-Air. Il ne comporte en fait qu'une seule grande pièce qui peut être partagée en chambre et séjour. Tous les appartements de l'immeuble sont disposés et meublés de la même façon. Une porte coulissante précise Agca permet de séparer la partie séjour de la partie chambre.

La précision paraît décisive. Tous les appartements voisins y compris celui du père Morlion possèdent en effet une porte coulissante. Malheureusement pour Agca, le logement d'Antonov n'en possède pas. Il existe un rideau qui sépare les deux parties de la pièce; la porte a été enlevée avant que les Antonov n'emménagent. Comment donc Agca a-t-il pu avoir des dons de visionnaire pour imaginer qu'à la place du rideau aurait pu exister une porte coulissante comme celle du Père Morlion. La réponse est encore à chercher dans les imperfections des enseignements audio-visuels.

Agca qui connaît par cœur le mobilier sommaire du meublé d'Antonov (le même que dans les autres appartements) a des difficultés pour les situer. Il commet des inversions.

Pour conforter sa version, Agca évoque le déroulement de la réunion. La préparation secrète de l'attentat contre le pape prend des allures de réception mondaine : c'est une partie de thé qui réunit dix personnes dans un espace de quinze mètres carrés. en effet, dit le Turc, Rossitza Antonova est présente ainsi que sa fille Anna agée d'une dizaine d'année, de même que Aivazov, Vassilev et quatre Turcs amis : des complices qu'il ne dénoncera jamais. C'est Rossitza qui sert le thé, tandis que se décide le programme des trois prochains jours.

Rossitza et sa fille sont témoins et complices de l'attentat contre le pape.

Martella effectue les vérifications immédiates. Les deux personnes qui partagent avec Antonov le bureau de Balkan-Air sont interrogées. Antonov garçon effacé, n'a rien dit à personne des conditions dans lesquelles Rossitza a organisé son séjour à Rome et son retour vers Sofia. Elle s'est inscrite sur le vol Rome-Sofia du 15 mai. Les collègues d'Antonov (comme la police italienne) pensent donc que la femme d'Antonov est présente le 10 mai, ils diront, au cours des interrogatoires dont ils sont l'objet, que Rossitza devait encore se trouver à Rome le 10 mai, mais qu'ils ne l'ont pas rencontré depuis le 7 mai, date à laquelle elle est venue voir son mari à Balkan-Air.

Pour ce qui est d'Anna Antonov, personne ne l'a vue, c'est unanime, la fillette qui est scolarisée à Sofia, n'a pas accompagné sa mère à Rome au cours de ce séjour. Elle ne pouvait pas être présente rue Pola, le 10 mai.

LA FILIÈRE

Agca n'a pas bu le thé dans le cadre romantique d'un complot auquel participèrent une fillette et sa mère. Rossitza non plus ne pouvait pas être présente. En effet Rossitza Antonova a quitté l'Italie le 8 mai, deux jours avant la prétendue réunion. Elle a renoncé au voyage en avion prévu pour le 15 mai et elle a choisi de revenir en voiture avec ses amis en empruntant la route, via la Yougoslavie. Elle a quitté le territoire italien en empruntant un poste frontière près de Trieste, elle circulait à bord du véhicule de ses amis Kosta Kras, une Fiat 124 immatriculée Roma R 06 794. Elle était le 8 mai dans la région de Staro Petrovo en Yougoslavie, à deux cent cinquante kilomètres de Belgrade.

Martella réagit mollement. Il n'use pas de la possibilité de vérifier immédiatement auprès de la police des frontières puisque les agents porteurs d'un passeport de service sont portés sur des listes lors du passage de la frontière.

Il a encore la possibilité de s'adresser aux autorités yougoslave pour vérifier que Rossitza a effectivement transité dans ce pays. Il s'abstient de toute démarche.

Ce sont les défenseurs d'Antonov : Mes Consolo et Larussa qui apporteront les preuves du passage de Rossitza en Yougoslavie. Ils contraindront Martella à entendre les époux Kosta Kras : ce sont eux qui ont transporté leur amie Rossitza dans leur voiture, c'est avec eux que Rossitza a partagé une chambre dans un motel yougoslave avant de poursuivre le voyage vers Sofia.

Outre ces témoignages, les défenseurs d'Antonov produiront la copie des registres du motel « Turist » : Huttup Vinogorje – Nova Gradiska, Staro Petrovo Selo. Les époux Kostev Kosta et Sanica figurent avec Rossitza Antonova à la chambre 102.

Rossitza est inscrite sous son nom de jeune fille Rossitza Akkova.

La facture de la chambre 102 est établie au nom de Kostev Kosta pour vingt et un mille neuf cent lires.

Mme Sterling fut la seule à évoquer cette « difficulté » inattendue. Elle suggère d'ailleurs une réponse : celle qui apparaissait comme la femme d'Antonov était peut-être un agent de l'ambassade bulgare; Agca a pu se méprendre.

Et l'enfant alors? Pas de réponse; Anna n'a pas séjourné à Rome : elle a suivi à Sofia une excellente année scolaire. Les vérifications de la police doivent permettre d'établir le mensonge du tueur turc, mais, ainsi que le souligne Boyan Traikov, le juge Martella a les plus grandes difficultés pour parcourir les vingt cinq kilomètres qui le conduirait à l'aéroport de Fiumicino. Il fallut que Mes Consolo et Larussa obtiennent de l'ambassade d'Italie à Sofia des documents qui attestaient que ni Rossitza Antonova ni sa fille n'ont pu assister au « thé pour dix » qui préparait l'attentat contre le pape.

Martella n'a guère confiance dans les documents authentifiés par l'ambassade d'Italie. Lorsqu'enfin il voulut bien répondre à l'invitation des autorités bulgares de poursuivre son enquête à Sofia, il a interrogé Rossitza Antonova avec une farouche énergie pour tenter de lui faire dire qu'elle se trouvait à Rome à la date fixée par Agca.

*
* *

La journée du 10 mai est révélatrice des manipulations dont Agca fait l'objet.

Le seul point précis retenu par l'information est qu'il a reconnu le visage d'Antonov sur l' « album bulgare » du S.I.S.M.I. qui lui a été présenté par le juge Martella.

Le surplus ne revêt aucune crédibilité soit en raison de l'absurdité des faits invoqués soit en raison des moyens de défense qui ont apporté la preuve de déclarations mensongères.

Comment avoir pu imaginer qu'un plan d'attentat contre le pape puisse être élaboré par des agents de quelque service que ce soit autour d'une tasse de thé en présence de quatre invités, d'une femme en vacances et d'une enfant de 10 ans?

D'ailleurs, disent les Bulgares avec ironie, nous ne buvons que du café, nous gardons le thé pour les malades.

*
* *

Aux derniers jours de l'information, Agca aurait fait connaître qu'il renonce à l'accusation sur les faits qui se seraient déroulés le 10 mai 1981.

LA FILIÈRE

Avec l'accord des juges, les incohérences de cette journée seraient écartées du débat, Agca n'aurait pas à les renouveler à l'audience, et la défense serait dispensée de les évoquer. Encore une manière bien désinvolte de conduire l'information.

*
* *

Les aveux d'Agca font de la journée du 11 mai une nouvelle étape importante. Cette fois-ci le rendez-vous a lieu – 36, rue Galieni, chez Aivazov. Antonov et Vassilev sont également présents; à 16 heures, ajoute Agca, les trois hommes se rendent à pied, place Saint-Pierre pour reconnaître les lieux.

En dehors des « révélations » d'Agca, Martella ne disposera que d'un seul document : le plan guide de la cité du Vatican. Cette pièce n'aura d'intérêt qu'à l'égard de ceux qui voudront ignorer qu'il n'est point nécessaire de chercher un guide pour s'orienter vers la place Saint-Pierre. L'avenue de Conciliazione, tracée par Mussolini, est une trouée urbaine aussi évidente – quoique moins importante – que nos Champs Élysées parisiens et il n'est pas plus difficile de se diriger vers la place Saint-Pierre que de rejoindre la place de l'Étoile à Paris. La saisie par Martella du guide de la cité du Vatican trouvé chez Antonov est grotesque, mais le juge est tellement engagé dans une volonté d'établir une intelligence entre Agca et les Bulgares qu'il peut, tout romain qu'il soit, avoir perdu le chemin de Saint-Pierre?

LA FILIÈRE

*
* *

Autre aspect des relations entre Agca et les Bulgares : le tueur turc prétend ne pas connaître Aivazov sous son véritable nom.

De la même façon que Antonov se fait appeler Bairiemitch, Aivazov se fait appeler « Kolev ». Kolev lui a donné rendez-vous, dit-il – 36, rue Galieni. Martella tente la reconstitution. Agca ne sait plus guère s'il doit aller à gauche où à droite. Bien évidemment le nom de Kolev ne figure nulle part, en revanche, le nom de Aivazov est bien lisible sur l'interphone et sur la porte. Agca est incapable d'expliquer comment il a pu ignorer le nom exact d'un agent secret qui placarde son identité aux entrées de son immeuble. Martella n'est pas gêné : il veut bien continuer de croire Agca qui se déclare manipulé par Kolev.

*
* *

De même qu'il paraissait, pour le juge, sans intérêt de voir Agca avant d'avoir été reçu par la C.I.A. américaine, de même que les complices « Loups Gris » toujours présents n'ont pas éveillé chez Martella l'hypothèse de l'existence d'une complicité néo-nazie, de même que l'écueil de la langue n'a pas paru de nature à gêner la thèse d'une communication entre comploteurs, Martella ne cherche pas à percer l'énigme qui permet à Agca de se rendre chez le Bulgare Aivazov dont il ne connaît que le pseudonyme Kolev.

LA FILIÈRE

Le juge s'accroche aux seuls indices qui lui ont été fournis à l'ouverture du dossier : Agca a aussi reconnu Aivazov sur l'album de photos des services secrets italiens, il donne une description de l'appartement et il fournit un inventaire du mobilier.

Sur ce point, les aveux d'Agca révèlent une absence totale du sens de l'orientation : la disposition des pièces n'est pas exacte, l'appartement lui-même n'est pas situé; gauche ou droite par rapport à l'ascenseur, à l'entrée, à l'escalier? Agca ne sait pas pour Aivazov pas plus qu'il ne le savait pour Antonov. Ne serait-ce pas que les images sur écran-télé faussent l'appréciation de celui qui veut les garder en mémoire?

La presse italienne commence sérieusement à s'interroger, mais Martella garde une solide conviction : rien ne l'ébranle. Pourtant le scénario du 11 mai tel qu'il est révélé par Agca, connaît de nouvelles épreuves.

Agca indique qu'à 16 heures, accompagné de Aivazov (Kolev) et Antonov (Bairiemitch) et Vassilev, il se rend place Saint-Pierre pour reconnaître les lieux et dresser les plans de l'attentat.

Or Antonov ne pouvait être présent. Il a un alibi solide. Les témoins entendus et les vérifications faites à l'aéroport établissent que Serguei Antonov, le 11 mai 1981, en tant que directeur adjoint de la Compagnie aérienne bulgare Balkan à Rome, a été dans l'obligation de remplacer le directeur absent d'Italie. Il a assuré le vol Rome-Sofia qui comportait soixante cinq passagers. La présence d'Antonov est vérifiée du matin jusqu'à dix huit heures, sur l'aéroport de Fiumicino, personnel italien de l'aéroport, douaniers et policiers le confirment.

Il ne pouvait donc pas se trouver avec Agca, ni chez Aivazov rue Galieni, ni sur la place Saint-Pierre le 11 mai.

Agca, dans ses aveux, a donné des précisions sur la préparation méticuleuse de l'attentat place Saint-Pierre, sur les lieux même du crime. Antonov y était décrit comme y jouant le rôle essentiel : le voici absent de la scène.

Agca et Martella jouent de malchance; pour chaque scène évoquée, il manque un personnage et c'est justement celui dont le rôle est essentiel pour donner de la crédibilité aux aveux du tueur.

Rossitza Antonova était en Bulgarie lorsqu'elle aurait dû rencontrer Agca au restaurant Picadilly; elle était en Yougoslavie et sa fille à Sofia alors qu'elle devait servir le thé; Antonov est à son tour absent, alors qu'il doit tracer place Saint-Pierre les marques de l'assassin.

* *

Ce scénario en quête d'un personnage se retrouve le lendemain 12 mai.

Selon Agca les rencontres des deux premiers jours et la reconnaissance des lieux de l'attentat n'ont pas suffi aux agents bulgares décidément peu discrets.

LA FILIÈRE

Ils s'affichent, il faut le rappeler, dans un lieu qui est l'objet d'une surveillance policière, avec un tueur recherché par toutes les polices. Agca ne tente jamais de se dissimuler, et ses complices n'ont aucune préoccupation de cette nature.

On sait que, ce 12 mai, Ali Agca a quitté l'hôtel Ymca place Independenza pour s'installer à la pension Isa, rue Cicerone à quelques centaines de mètres du Vatican.

Agca n'a pas dit que les Bulgares lui avait porté ses valises. On retrouvera à la pension Isa, après l'attentat, quelques notes qui sont présentées par Mme Sterling comme les « instructions » données au tueur par les « agents de l'Est ».

– « Vendredi entre 7 et 8 heures téléphoner.
13 mai, mercredi, apparition sur la place.
17 mai, dimanche, peut-être apparition au balcon.
20 mai, mercredi, la place sans faute.
Bien choisir une sacoche.
Teinture pour cheveux essentielle.

Si nécessaire, porter une croix. Jeans courts, tennis. Blouson de combat.

Après mercredi, aller retour à Florence ou à une gare voisine. Veiller à ne pas être vu du côté du Vatican ou à des endroits où risque de se faire remarquer.

Nécessaire déchirer carte postale.

Finances : cent mille lires (cent quatre-vingt mille réserve pour cas d'urgence).

Demain, argent pour trois jours d'hôtel.

Nécessaire : voyage à Naples, achat sacoche et teinture cheveux. Vérifier si billet de train valable.

Faire très attention à la nourriture.
Petit déjeuner ici à 9 heures » [1].

Le génie que les concertistes Hentze et Sterling reconnaissent aux services secrets bulgares et soviétiques, s'accommode mal de la « recette » que Agca a recueillie sur son carnet.

***

« Le 12 mai, dit Agca, avec Antonov, Aivazov et Vassilev, j'effectue une nouvelle reconnaissance des lieux... » Nous verrons que tant de maladroites exhibitions sur la place Saint-Pierre n'ont guère permis d'imaginer une stratégie digne de son passé de tireur insaisissable.

Cette fois encore le scénario est orphelin de l'un des protagonistes : Aivazov n'a pas pû être présent. En effet il exerce les fonctions de trésorier de l'ambassade et le 12 mai, toute la journée il prépare la réception donnée en l'honneur de la cantatrice Raïna Kabaivanska qui reçoit le disque d'or de la firme Balkanton. Là encore, les témoins sont nombreux, bulgares certes, mais aussi les policiers italiens en poste à l'ambassade. Le visage d'Aivazov leur est familier, et ils témoignent qu'il n'a pas quitté l'ambassade.

***

Après tant de coups portées aux « révélations » d'un tueur, on pourrait imaginer que le juge se

---

1. « Le temps des assassins », p. 45.

ferait plus prudent sur la « crédibilité » d'Agca. Il n'en est rien. Le juge Martella persévère.

Il est d'ailleurs servi par un mécanisme qui provoque la réaction très vive des défenseurs d'Antonov.

En effet dès qu'un alibi contredit les affirmations d'Agca, le tueur fait preuve d'un talent de visionnaire : il rectifie ses déclarations pour tenter de les adapter. La preuve apparaît très vite que, malgré les secrets de l'instruction, le tueur turc bénéficie de « transparences » qui le tiennent informé de tous les aléas du dossier.

La journée du 13 mai, selon les aveux d'Agca, c'est le point d'orgue de ce récit rocambolesque. Les versions d'Agca varieront plusieurs fois, notamment pour atténuer le mauvais effet de certains aspects grossiers du scénario.

On a vu aussi disparaître le poids lourd – T.I.R. – frigorifique bulgare qui stationné en bas de l'avenue Della Conciliazione devait assurer le départ du Turc vers l'Est. Ce voyage devait sans doute être conçu comme transport sous douane.[1]

Agca a-t-il véritablement évoqué une stratégie aussi absurde? La presse l'a affirmé. Il faudra attendre la publication du dossier pour connaître les termes exacts des « révélations » et la nature des « variantes » qui ont été apportées.

1. Très curieusement ce camion réapparaît dans les conclusions du procureur lorsque Mme Sterling les publie en juin 1984.

LA FILIERE

*
* *

Agca a indiqué qu'il a des relations téléphoniques permanentes avec les Bulgares. Il ne dit pas un mot sur les quatre amis turcs qui, avec lui, auraient préparé le complot chez Antonov. Il ne leur demande d'ailleurs même pas de se manifester pour confirmer de l'extérieur, là où ils sont en sécurité, la réalité de la « filière bulgare ». De tels témoignages seraient pourtant redoutables et même décisifs.

Agca est fidèle à lui-même : à aucun moment et sous aucun prétexte, il ne faillira à l'image du héros néo-nazi qui ne trahit aucun de ses frères de combat.

Ses complices turcs, quant à eux, n'ont guère le goût de se mêler à la « filière bulgare », il y aurait trop de risque à donner de l'extérieur, quelque part en Europe ou en R.F.A., une version qui a toutes les chances de ne pas être conforme au scénario du tueur turc.

La volonté d'aider Agca, si elle se manifestait, ne pourrait intervenir que très tard, lorsque serait acquise la certitude d'une version crédible; on ne peut guère l'envisager avant la publication du dossier.

*
* *

Le déroulement de la journée du 13 mai, tel qu'il est décrit par Agca, est un défi à toutes les règles les plus élémentaires de la pratique du complot terroriste.

LA FILIÈRE

Agca habite à la pension Isa, rue Cicerone, à cinq cents mètres de la place Saint-Pierre, mais il a donné rendez-vous de l'autre côté de la vieille ville, place de la République, cette place dont les fontaines ont été rendues célèbres grâce aux images du film la « Dolce Vita ».

Il a rendez-vous, dit-il, à 15 heures dans le square de la place de la République. Lequel? Il y en a au moins trois, tous encombrés de véhicules en stationnement irrégulier. Curieuse façon de se fixer rendez-vous, alors qu'il existe à Rome des dizaines et des dizaines de lieux typiques où, à l'ombre d'un bâtiment baroque, on a la certitude de pouvoir se retrouver sans difficulté. Curieux rendez-vous qui impose à Agca de s'éloigner de plusieurs kilomètres de la place Saint-Pierre alors que la pension Isa est toute proche. Les agents bulgares auraient-ils eu enfin le souci d'être discrets?

La suite du scénario convaincra très vite qu'il n'en est rien.

Agca attend ses complices. Il les voit venir. Antonov Aivazov et Vassilev arrivent dans une Alfa Roméo de couleur bleue. Antonov est au volant d'une voiture sportive pilotant dans Rome vers la place Saint-Pierre : c'est une image qui provoque le fou rire de tous les intimes du Bulgare. Tous ses amis connaissent la frayeur avec laquelle Serguei Antonov conduit sa petite Lada Fiat à travers la ville. Droit comme une barre à mine, les bras crispés sur le volant, le visage aux grosses lunettes sombres, tendu vers le pare-brise, Antonov est incapable d'une conduite sportive. Ses amis racontent en souriant les anecdotes qui ont amusé et gêné son entourage, lorsque les convives s'esquivent un à un pour éviter d'être transporté dans la voiture de Serguei.

Pas plus qu'il ne s'est intégré à la vie exubérante des Romains, Serguei Antonov n'a été gagné par la fièvre d'une ville où chaque conducteur plaide de la main et du bras par la vitre ouverte pour se dégager d'une circulation qui engorge la moindre ruelle. Le Bulgare appréhende tout déplacement dans Rome et c'est encore un paradoxe que Agca lui ait assigné le rôle de l'agent 007 lancé à travers la ville, alors que les deux autres complices présumés auraient tenu le rôle avec vraisemblance.

La puissante Alfa Roméo traverse la vieille ville, traverse le Tibre, et vient stationner, dit Agca, tout en bas de l'avenue Della Conciliazione, sur le côté droit en regardant la place Saint-Pierre, face à l'ambassade du Canada.

Agca ne précise pas si Antonov disposait ou non d'un laissez-passer pour circuler dans la vieille ville. Cette précision n'a pas été demandée par Martella, alors qu'elle aurait encore permis des vérifications. L'étranger qui découvre Rome est surpris de cette réglementation qui limite la circulation dans le cœur de la vieille ville aux seuls véhicules autorisés. Si l'Alfa Roméo bénéficiait d'un laissez-passer, Martella pouvait se livrer à des recherches pour identifier ce véhicule piloté par des Bulgares.

LA FILIÈRE

L'Alfa Roméo stationne à l'endroit qu'Agca avait précédemment indiqué lorsqu'il prétendait qu'un transport routier bulgare l'attendait pour qu'il prenne la fuite.

Arrêter un poids lourd sur l'avenue Della Conciliazione le jour où le Vatican attend vingt ou trente mille pélerins, c'est une gageure à laquelle le Turc a finalement renoncé. Il y installe toutefois l'Alfa Roméo vers 16 heures; il faut encore souligner que trouver un emplacement pour stationner à cet endroit tient du miracle, puisque des milliers de touristes ont envahi les abords de la cité du Vatican dès le début de l'après-midi, certains même le matin.

Agca ne rapporte pas qu'Antonov a rencontré des difficultés. Il corrige plus tard son scénario en remplaçant l'Alfa Roméo sportive par une Fiat bleue plus ordinaire, plus proche de la « Gigoulie Lada » d'Antonov. Comme il s'agit de la voiture qui, selon ses dires, doit assurer la fuite du tueur turc et des trois bulgares, le changement intervenu dans la cylindrée affaiblit la vraisemblance de la fuite collective.

Arrivés au bas de l'avenue Della Conciliazione, Agca et ses trois complices n'adoptent pas une stratégie très heureuse. Ils décident d'abord d'entrer dans un bar rue Della Conciliazione. Agca décrit le

291

bar, la disposition du comptoir. La reconstitution ne permet pas de le retrouver. Le seul bar qui existe se trouve rue Vittorio, il ne ressemble en rien à celui qui est décrit par le tueur.

Comme de vrais touristes, Agca et ses trois protecteurs auraient remonté l'avenue Della Conciliazione. Ils ne sont certainement pas gênés par ces dizaines d'appareils photos qui, à tout moment, le jour où Saint-Pierre accueillent les pèlerins, saisissent en tous sens la perspective qui conduit des obélisques de Della Conciliazione vers les colonnes de Bernini et le dôme de Michel Ange.

Plus même, dit Agca, je suis entré dans un magasin de souvenirs pour acheter une pellicule. Je voulais que nous puissions prendre des clichés souvenirs avec mes complices bulgares après l'attentat.

Au fur et à mesure des versions successives le rôle d'Antonov et de Aivazov devient plus actif. Martella s'arrête au scénario qui retient la présence de deux bulgares, sur la place Saint-Pierre, l'un à deux pas du tueur, avec des grenades, l'autre un peu plus loin, avec un pistolet. Ils doivent l'un et l'autre, après l'attentat, créer la diversion et la panique pour permettre à Agca de « fendre » la foule de vingt mille personnes, descendre les six cents mètres de l'avenue Della Conciliazione envahie par les pèlerins affolés et s'engouffrer dans le véhicule qui prendrait la fuite vers Sofia. [1]

1. Un parcours de six cents mètres est une absurdité lorsqu'il aurait suffi de quelques dizaines de mètres au tueur pour traverser les colonnes de Bernini et rejoindre un véhicule en attente.

L'arsenal de Antonov et Aivazov connaît aussi des variantes. Mauvais scénario que celui que Agca impute au génie des agents secrets venus de l'Est. Le Turc tire deux balles, il est immédiatement entouré, empoigné, agrippé par sœur Laetitia, puis par des policiers.

Ses complices bulgares – proteste-t-il – l'ont trahi, ils ont pris la fuite.

Mme Sterling, avance une autre hypothèse. Les Bulgares avaient en fait mission de tuer Agca comme cela fut fait d'Oswald assassin de Kennedy. Ils ont échoué.

*
* *

Si un éditeur de série noire se voyait confier un manuscrit de série noire aussi mal « ficelé », le livre ne serait jamais édité.

Martella, lui, n'a pas les mêmes exigences. Il s'accommode des propos d'Agca. Il veut voir Antonov et Aivazov sur la place Saint-Pierre. Les clichés d'amateur qui saisissent en tous sens la place Saint-Pierre et l'avenue Della Conciliazione, les jours d'audience papale, lui apportent des dizaines de documents qu'il doit étudier.

Il trouvera enfin deux photographies qui seront à la base de la décision qu'il prit le 25 novembre d'arrêter Serguei Antonov.

Le premier document saisit la fuite d'un homme brun, de taille moyenne, en blouson de cuir, jean léger et basket, il semble tenir un pistolet à la main

LA FILIÈRE

Le journal *Paris-Match* qui défend la thèse de la filière bulgare dit qu'il s'agit d'un Turc de 29 ans ami de Agca. On pense à Oral Celik ou Omer Ay.

Cette évidence saute aux yeux sans qu'il soit nécessaire de se livrer à des examens de laboratoire. Martella qui a toujours les yeux ailleurs, tente d'identifier Aivazov. Il n'y parvient pas, le grand corps d'Aivazov ne passe pas dans la mince silhouette du fuyard. Le résultat est décevant d'autant que la télévision allemande affirme qu'il s'agit bien d'Oral Celik, l'homme venu depuis la lointaine Malatya avec Agca le tueur.

Martella s'est tourné bien auparavant vers un autre document : une photo d'amateur qui lui est remise, avoue-t-il pudiquement, par les services du ministère de la Justice des U.S.A.

En fait, c'est la C.I.A. qui produit ce document comme une pièce irrécusable lorsque le juge traverse l'Atlantique pour connaître l'orientation qu'il doit donner à son dossier.

Cette photo a été diffusée dans le monde entier : on y voit clairement, tout près du tueur qui brandit le pistolet, à cinq mètres du pape, un grand gaillard avec lunettes noires et moustache fine qui tend le cou pour voir, et on se demande même s'il ne cherche pas à se faire voir à tout prix. La presse publie en parallèle en médaillon le portrait d'Antonov. Les deux visages sont identiques.

Le document est exploité dans le film de la N.B.C. qui lance la filière bulgare, il est repris en Italie puis diffusé dans toute la presse, en France, *Paris-Match* en fait le montage sur une double page sous le titre : – « Le Bulgare guettait le pape ». Le texte poursuit :

– « Cette photographie accuse. Elle montre dans la multitude rassemblée le 13 mai 1981, place Saint-Pierre, au moment même où le pape est blessé, un homme portant une moustache et des lunettes : Serguei Antonov que le juge Martella a fait arrêter pour la participation active à l'attentat. Ce Bulgare de trente-quatre ans, résidant à Rome où il travaille à l'agence touristique Balkantouriste pourrait être ou bien est le chaînon manquant dans la tentative sinistre d'assassinat de Jean-Paul II. La thèse d'un complot orchestré par l'Est est ainsi irréfutablement confirmée. »

« Irréfutable » la ressemblance entre l'homme dans la foule dont le visage est entouré d'un cercle blanc et le portrait en médaillon de Serguei Antonov.

« Irréfutable » et le document apparut comme tel au juge Martella puisque, sur la base de ce document, il a décidé l'arrestation de Serguei Antonov le 25 décembre 1982.

***

Nouvelle malchance de Martella. Un pèlerin américain écrit au juge : il s'est reconnu sur la photo, il était place Saint-Pierre, tout à côté de l'homme qui a tiré. Il s'est reconnu, ce n'est pas Antonov.

Que croyez-vous que fit Martella?
Pas plus que *Paris-Match :* à peine quelques lignes dans la marge pour noter la rectification sans chercher à corriger les conséquences dramatiques de l'erreur de jugement.

Tout laisse à penser que la photo définitive diffusée par les agences est un tirage « corrigé » du négatif dont personne ne dispose.
A ce propos, Martella s'est-il préoccupé de se faire remettre la pellicule originale, a-t-il, au contraire, couru le risque d'être abusé par une photo travaillée? Le dossier répondra. Tout porte à croire que sa confiance en la C.I.A. l'a privé d'un sens critique, pourtant essentiel.

Si Antonov n'est pas sur la photo disent Agca et Martella, il est ailleurs sur la place Saint-Pierre.

Pour la troisième fois le scénario est orphelin du personnage essentiel. Antonov ne peut pas se trouver au côté d'Agca ni à 15 heures, ni à 16 heures, ni à 17 heures; son emploi du temps est reconstitué à partir des témoignages de sept personnes. Il n'a pas quitté les bureaux de Balkan pendant toute la journée. Au moment où la radio annonce l'attentat contre la pape, les témoins se souviennent qu'Antonov a quitté son bureau pour aller dans sa voiture chercher son transistor et suivre ainsi les nouvelles de l'attentat. Certains témoins restent avec Antonov jusqu'à 23 h. 30.

Agca a menti. Martella « cuisine » pendant dix-huit heures un témoin, une femme d'origine bulgare mariée à un Italien qui est la collègue de travail de Serguei Antonov. Il disperse les témoins dans des salles sans qu'ils puissent communiquer, il tente de découvrir les contradictions, peine perdue. Le juge boit le petit lait des aveux d'Agca, s'acharne à douter de ceux qui apportent des témoignages en faveur de Serguei Antonov.

Rien n'y fera, ce magistrat en quête de personnage, continue de tenir au scénario, qu'on lui a demandé de rendre crédible : la filière bulgare sans Bulgare reste pour lui une réalité et, à défaut de complice, Antonov restera l'otage de sa détermination.

La Bulgarie par la voix de Boyan Traikov a fait la synthèse de l'information au point où elle en est en novembre 1983 :

– il rappelle les propos publics de Martella à propos d'une éventuelle absence de Rossitza et sa fille le 10 mai 1981.

– Le juge proclamait « s'il s'avère que Rossitza et sa fille Annie n'ont pas été à Rome le 10 mai 1981, et qu'elles n'ont pas participé à une réunion dans le logement des Antonov pour tramer l'attentat, alors le « turc accusateur sera démenti avec éclat ».

Depuis les preuves ont été fournies mais il n'y eut pas d'éclat.

LA FILIÈRE

Boyan Traikov s'appuyant sur les informations recueillies auprès des avocats Mes Consolo, Larussa et Dospeski poursuit :

– « J'avais indiqué le 22 février que les affirmations d'Agca au sujet de la présence d'Antonov sur la place Saint-Pierre, au moment de l'attentat étaient entièrement contredites par de nombreux témoignages. Ceci est important. J'avais aussi parlé de la lumière faite sur les mensonges d'Agca en ce qui concerne les téléphones d'Antonov et d'Aivazov, de l'aménagement de l'appartement d'Antonov et d'autres faits. Maintenant je voudrais attirer l'attention sur ce qu'il y a de nouveau dans les publications de la presse italienne.

Lors de la reconstitution de l'attentat sur la place Saint-Pierre avec la participation d'Agca, trois de ses mensonges furent démontrés.

Dans la rue Conciliazione, près de l'ambassade du Canada, il n'existe pas de café où Agca et Antonov auraient pu se rencontrer. Le café désigné à l'improviste dans la rue latérale « Tranpontina » a un arrangement intérieur complètement différent de ce qu'Agca en dit.

La discussion en anglais entre Agca et Antonov, rue Conciliazione n'a pu avoir lieu, car il a été établi qu'Antonov ne sait pas et ne parle pas l'anglais; le dernier des témoins confirmant cette particularité est Monsieur Mat, le représentant à Rome de la Compagnie aérienne turque.

Quant au récit d'Agca expliquant qu'Antonov et lui avaient acheté une pellicule photographique pour se prendre en photo avant l'attentat est une anecdote qui provoqua un éclat de rire général.

LA FILIÈRE

Lors de la visite des lieux rue Galieni, toujours avec Agca, ce dernier fit encore trois erreurs essentielles qui prouvent que ses visites dans la demeure des Aivazov sont imaginaires. Agca n'a pas pu désigner correctement ni l'immeuble ni la disposition de l'escalier, ni l'étage où vit la famille Aivazov. Il est évident que s'il sait quelque chose sur cette demeure ce n'est qu'à partir de quelques photos et descriptions qui lui ont été fournies. »

Les avocats italiens ont gardé la charge du dossier, affirmant publiquement de cette façon qu'il n'ont eu a aucun moment le moindre soupçon sur l'innocence de Serguei Antonov. Me Consolo déclare à Guillemette de Véricourt, journaliste au *Matin :*
– « La piste bulgare, je n'y ai jamais cru ».
La journaliste conclut :
– « Tous ces éléments contribuent à faire apparaître le pâle fonctionnaire Antonov comme la victime d'une erreur politico-judiciaire.

*
* *

La conclusion des quatre glorieuses de Martella : 10, 11, 12 et 13 mai, nous pouvons l'emprunter aux journalistes de l'Est et de l'Ouest qui suivent la filière bulgare sans se démunir de sens critique.
Sous le titre « L'Alfa Roméo bleue » le journaliste Yougoslave écrit dans la revue *Danas :*
– « Qui aurait cru qu'une simple « Alfa Roméo », garée non loin de la place Saint-Pierre à Rome le 13 mai 1981, serait à l'origine de toute une affaire internationale. Le plus surprenant est que personne

ne sait encore si cette voiture existe réellement ou simplement dans l'imagination d'Ali Agca. Et peut-être aussi dans l'imagination des grands spécialistes de la guerre psychologique de propagande. En principe, les terroristes et les agents des services secrets possèdent de l'habileté et des qualités que nous autres, simples gens, ne pouvons avoir. Or, dans l'histoire de l'attentat contre le pape, les choses se présentent différemment. Les exécuteurs ont un comportement de dilettantes si maladroits que même nous, à leur place, aurions été plus habiles, parce que jamais l'assassin qui s'en va tuer sa victime ne peut porter dans sa poche les numéros de téléphone de son chef et de ses complices. Même plus, Ali Agca serait arrivé place Saint-Pierre dans une « Alfa Roméo », accompagné des fonctionnaires bulgares Aivazov et Antonov... Certes, cette campagne non seulement comporte des éléments antisoviétiques et internationaux, mais elle vise également des objectifs purement italiens, la droite qui ne parvient pas à venir à bout des Brigades Rouges, essaie actuellement d'établir un lien entre leur activité et les services secrets des pays de l'Europe de l'Est... »

Le journaliste Basile Karlinsky conclut dans le journal *Le Monde* sous les titres – « Terrorisme et politique fiction – la conjuration des collégiens ».

– « Un certain Mustafa Eof, introduit sans explication dans leurs récits par ses auteurs, serait l'officier traitant d'Agca. Tout capitaine qu'il soit des services secrets bulgares, il semble ignorer le B.A. - BA de la clandestinité et révèle tout un pan, trois hommes, de son réseau à son agent Agca. En effet, ce dernier est obligé, comme le ferait un amateur isolé, de s'adresser à un premier membre du réseau pour obtenir un faux passeport, à un deuxième pour se munir d'une arme et à un troisième pour être présenté aux deux premiers et pour recevoir des instructions. Toutes choses auxquelles Mustafa Eof, et seulement lui, aurait dû pourvoir afin de ne laisser à Agca, en cas d'arrestation qu'un minimum d'indices permettant de remonter la chaîne du complot.

Quand Agca tire sur la place Saint-Pierre, son attentat relève du même amateurisme. Au moment de son arrestation, il a dans sa poche un faux passeport qui permet immédiatement de reconstituer ses déplacements au cours des dix mois précédents et de rendre manifeste son point de départ : la Bulgarie [1]. Une fois son crime accompli, il se laisse désarmer et arrêter sans opposer de résistance. Ses complices supposés fuient et n'interviennent ni pour faciliter sa retraite ni, à toutes fins utiles, pour effacer les traces en abattant eux-mêmes le meurtrier. C'est même à se demander si Agca avait des complices.

Deux mois après la publication de ces deux mauvais romans policiers, c'est pourtant bien un schéma analogue, accrédité seulement par des aveux d'Agca, qui fut retenu par la justice italienne pour lancer des inculpations contre les trois Bulga-

---

1. En fait le point de départ est bien la ville de Nevsehir en Turquie.

res et pour en arrêter un, Serguei Antonov, directeur du bureau romain de la Compagnie de navigation aérienne bulgare.

Après cette arrestation, une série de fuites provenant des milieux judiciaire et policier romains révélèrent en novembre et décembre 1982 la substance des aveux d'Agca. Il aurait passé les jours précédant l'attentat en compagnie de deux, sinon trois, Bulgares. Il aurait été reçu dans leurs appartements personnels, aidés par eux pour faire un repérage des lieux la veille de l'attentat. Le jour même, ses complices bulgares l'auraient accompagné place Saint-Pierre, s'apprêtant à couvrir sa fuite et à le mettre en lieu sûr. Agca était présent, capable de donner leur signalement, leur nom de code ou de décrire leurs appartements, de les situer sur le plan de Rome et d'en donner les numéros de téléphone.

Cette série d'indices était, certes, impressionnante, mais peu compatible avec l'image d'un complot supervisé par le redoutable K.G.B. Elle faisait plutôt penser à une conjuration de collégiens, se rendant des visites les uns chez les autres et laissant des traces à chaque pas... »

CHAPITRE CINQUIÈME

QUESTIONS POUR UN VERDICT

I. SUR LE PROCÈS D'AGCA A ROME LES 20-23 JUILLET 1981

– Mehmet Ali Agca est un activiste qui appartient depuis son adolescence à l'organisation des Loups Gris, une organisation armée d'extrême droite, inspirée par le leader néo-nazi de la Turquie : Alparslan Turkesh.

– Le coup de feu du 1er février 1979 contre A. Ipekci, le rédacteur en chef du journal libéral *Milliyet,* est le point de départ d'un processus de violence criminelle et de terreur qui, au terme d'une année sanglante, permettra d'isoler le mouvement ouvrier et progressiste et de paralyser les démocrates.

– Le coup d'État militaire du 12 septembre 1980 est le fruit naturel de la situation créée par les néo-nazis. La justice turque a établi sans équivoque la réalité des liens idéologiques et organiques entre Alparslan Turkesh et Mehmet Ali Agca.

LA FILIÈRE

– Mehmet Ali Agca, évadé de la forteresse de Cartel Maltepe, le 25 novembre 1979 est devenu une sorte de « Carlos » des organisations néo-nazies; il est aussi un paranoïaque dont le comportement s'aggrave en raison des puissants appuis dont il bénéficie; il a annoncé solennellement le 26 novembre 1979, sa décision de tuer le pape.

– C'est à cette date qu'il faut se placer pour rechercher qui avait intérêt à inspirer et à soutenir son action contre le pape Jean-Paul II.

A cette date les événements en Pologne n'étaient pas prévisibles, « Solidarité » n'existait pas.

– Les liens étroits de Mehmet Ali Agca avec les Loups Gris, son fanatisme idéologique, son activisme, son engagement dans les commandos de tueurs sont établis par les enquêtes des journalistes et les procédures judiciaires de Turquie. L'hypothèse américaine selon laquelle Mehmet Ali Agca était en réalité un terroriste entraîné par le K.G.B. ne repose sur aucun commencement de preuve, la logique impose de la rejeter dès lors qu'on évoque la réalité de cette époque au cours de laquelle les Loups Gris ont exécuté de trois à cinq mille progressistes et libéraux. A. Turkesh a été jugé pour répondre de six cent soixante-quatorze crimes pour lesquels les tueurs ont été identifiés.

– Reconnu coupable du meurtre d'Ipekci, Mehmet Ali Agca a été condamné à mort par la Cour martiale de Turquie le 24 avril 1980. Les pays occidentaux ont été immédiatement informés par

Interpol. Les photos de Mehmet Ali Agca ont été diffusées, et un mandat d'arrêt international était lancé contre lui dès janvier 1980.

— En 1979 et 1980, les organisations néo-nazies turques infiltraient l'appareil policier et l'armée de Turquie. Mehmet Ali Agca a bénéficié d'un soutien constant. Un passeport au nom de Farouk Ozgun lui a été régulièrement remis le 11 août 1980, en même temps qu'à son complice Omer Ay, lors de son séjour à Nevsehir. Il existe de fortes présomptions pour estimer que, sur présentation de ce passeport, Mehmet Ali Agca a séjourné entre vingt-quatre et quarante-huit heures en Bulgarie, qu'il a pu y passer le nuit du 30 au 31 août.

Il a pu rencontrer au cours de la soirée et de la nuit divers interlocuteurs.

— En utilisant le chemin de fer, Agca pouvait prendre le train à la frontière turque Edirne-Kapikule à 0 h 45 le 30 août, arriver à Sofia à 7 h 30; il lui était possible le lendemain de reprendre le train en gare de Sofia à 8 h 40 pour atteindre le poste frontière de Dimitrovgrad à 10 h 30 (arrivée à Belgrade à 17 h 13).

Il disposait donc de 24 heures sur place à Sofia, et il lui était possible de rencontre Omer Mersan. La rencontre n'a pas pu avoir lieu dans la chambre 911 de l'hôtel Vitoscha.

— Le périple de Mehmet Ali Agca n'a jamais cessé d'être guidé et soutenu par les Loups Gris. Il n'a pas

305

été possible de déterminer avec précision l'origine des fonds très importants qui lui ont été versés. Plusieurs indices ont été recueillis. Un agent du M.I.T. (service secret turc) a reconnu que Agca avait reçu des fonds, le journaliste Mumcu a relevé le nom d'Agca sur le registre d'un parrain de la mafia turque; Celebi, le chef des Loups Gris d'Allemagne a reconnu avoir participé partiellement au financement. Il n'existe aucun autre élément.

– La C.I.A. dispose d'agents exceptionnellement expérimentés, notamment Ruzi Nazar, le collaborateur de Paul Hentze à Ankara, Ruzi Nazar, conseiller à l'ambassade des U.S.A., a des relations très étroites avec les organisations néo-nazies turques aussi bien en Turquie qu'en Europe et plus particulièrement en Allemagne de l'Ouest où il est en poste. Les polices de R.F.A., de Suisse et d'Italie ont été alertées en raison de la présence d'Agca sur leur territoire; les appels téléphoniques du tueur turc ont été constamment enregistrés. Les services secrets américains ne pouvaient pas ignorer que Agca était surveillé en R.F.A. par les Loups Gris.

– Selon les déclarations d'Agca rapportées par le *Quotidien de Paris* le 20 mai 1981, les États-Unis auraient refusé d'accorder un visa au Turc qui s'est présenté sous le nom de Farouk Ozgun. Ce fait mérite d'être vérifié, car il paraît important de connaître les circonstances dans lesquelles ce visa a été demandé et les raisons pour lesquelles il a été refusé.

– Des indices nombreux établissent les complicités

dont Mehmet Ali Agca a bénéficié pour la préparation de l'attentat contre le pape. La justice romaine disposait dès juillet 1979 de multiples éléments pour inculper les Turcs membres des Loups Gris sur la base de lourdes présomptions de culpabilité qui résultent de leur présence auprès d'Agca.

A défaut d'une inculpation immédiate, la justice romaine ne pouvait pas juger Mehmet Ali Agca sans avoir préalablement approfondi l'enquête. Il fallait identifier et déterminer la part de responsabilité des Turcs qui, depuis de longs mois vivaient dans l'entourage du tueur.
Il s'agit essentiellement de huit personnes :

Musa Serdar CELEBI - Chef du Parti P.M.N. à Istanbul à l'époque de l'assassinat d'Ipekci. Associé de la société Tumpash qui offre de payer le voyage de Agca vers l'Europe. Chef des idéalistes en R.F.A., il surveille Agca en Allemagne, le rencontre à Zurich et Milan et reconnaît lui avoir versé de l'argent. Celebi est lié à la mafia turque et au trafiquant Ugurlu. Celebi a été arrêté à Francfort le 3 novembre 1982.

Mehmet SHENER – Chef des Loups Gris à Istanbul, il organise l'attentat contre Ipekci et fournit l'arme à Agca. Il fuit en Europe grâce à un faux passeport qui lui est remis, comme à Agca, par la direction de la police de Meshehir. Il rencontre régulièrement Agca plus spécialement à Zurich où il est arrêté en février 1982. Il peut avoir été présent à Rome lors de l'attentat.

LA FILIÈRE

Oral CHELIK – Il dirigeait les Loups Gris à Malatya. C'est le premier chef d'Agca. Il a organisé l'évasion de Cartel Maltepe. Enfui en Europe, il n'a jamais cessé ses relations avec Agca. Il vit actuellement en Bavière. Il est l'un de ceux qui ont pu se trouver place Saint-Pierre aux côtés d'Agca lors de l'attentat.

Yomer AY – Compagnon de route d'Agca depuis Malatya. Il a reçu un faux passeport en même temps que Agca à Nevsehir le 11 août 1980. Le sien porte le numéro de série 136636, celui d'Agca le numéro 136635. Il est sans doute l'homme qui est pris en photo place Saint-Pierre, s'enfuyant lors de l'attentat.

Omar BAGCI – Il est le président du mouvement idéaliste à Olten en Suisse. Il rencontre plusieurs fois Agca notamment à Lucerne et à Aaran. C'est lui qui fournit l'arme du crime lors d'un voyage à Milan.

Ildurum METIN et Hasan TASHKIN – Deux Trucs membres des Loups Gris avec lesquels Agca a des conversations téléphoniques et des rencontres. Agca téléphone à Toshkin à Hildesheim en Allemagne, il téléphone à Metin à Hanovre et le rencontre en Suisse.

Yomer MERSAN – Il dirige la Société Vardar, une société liée au trafic d'armes et de stupéfiants de Abuter Ugurlu (arrêté en Allemagne). Il a rencontré Agca à Sofia. Agca lui téléphone à plusieurs ses. Interrogé par la police allemande, il n'a été arrêté que tardivement.

Ces hommes étaient connus de la police et des magistrats italiens en juillet 1979.

*
* *

EN CONCLUSION :
LE PROCÈS CONTRE AGCA TEL QU'IL S'EST DÉROULÉ EN JUILLET 1981 EST UN PROCÈS QUI A ÉTÉ DÉLIBÉREMENT TRONQUÉ ET DÉLIBÉRÉMENT FAUSSÉ.

*
* *

II. SUR LA FILIÈRE BULGARE ET L'INCULPATION D'ANTONOV

– La nouvelle procédure a été ordonnée au lendemain du procès de Mehmet Ali Agca. Le parquet italien montrait ainsi qu'il n'avait pu se convaincre que le jeune Turc était un tueur isolé.

– L'information est confiée au juge Martella en novembre 1981. Le magistrat ne prend aucune initiative jusqu'en février 1982, date à laquelle il demande l'autorisation de se rendre aux États-Unis pour consulter les services américains de la justice et de la C.I.A.

De juillet 1981 à mai 1982, date de ses « aveux » le Turc Mehmet Ali Agca, condamné à une année d'isolement, maintient des relations avec l'extérieur et avec les codétenus. Il apprend l'italien, reçoit le Père Saverio Santini incarcéré aujourd'hui en raison de ses liens avec la mafia et négocie les conditions d'une remise de peine avec deux agents du ministère de l'Intérieur. La manipulation du détenu était possible.

– Le juge Martella rend visite à Mehmet Ali Agca en mai 1982. Préalablement aux aveux, le jeune Turc interroge le juge sur l'allègement de sa peine en cas de « repentir ».

Les aveux de Mehmet Ali Agca en mai 1982 donnent un scénario dont il exclut tous les personnages qui apparaissaient dans son entourage lors de l'enquête préliminaire. Seul « Mersan » continue d'être évoqué, mais il devient porte-parole de Bekir Celenk (négociant qui se réfugie à Sofia, où il est placé en résidence surveillé). Celenk est présenté comme le commanditaire de l'attentat contre le pape; c'est lui qui aurait offert la prime de trois millions de marks. Agca met en cause trois Bulgares : Serguei Antonov, Todor Aivozov et Jelio Vassilev qui seraient ses complices dans la préparation et l'exécution de l'attentat.

– De mai 1982, date des aveux du Turc à novembre 1982 date de son voyage aux U.S.A., le juge Martella ne recueille aucun document ni aucun indice sérieux susceptible de conforter la crédibilité de Mehmet Ali Agca et d'établir la culpabilité bulgare. La décision d'arrêter Serguei Antonov, six mois après les aveux du tueur Turc, répondait à la pression idéologique exercée par les média-américains.

– La campagne idéologique lancée depuis les États-Unis par Paul Hentze, Claire Sterling et Martin Kalb à la N.B.C. est conforme aux orientations qui ont été tracées lors de la conférence de Jérusalem du Jonathan Institute : « Convaincre l'opinion que tous les terrorismes sont manipulés par le K.G.B. (sous couvert d'agents bulgares). »

De mai à novembre 1982, le juge Martella ne s'est livré à aucune vérification quant à la présence effective à Rome des personnages mis en cause par Mehmet Ali Agca. Il pouvait très facilement contrôler que ni Rossitza, ni sa fille ne séjournaient en Italie aux dates indiquées par le tueur.

L'absence de rigueur dans les investigations du juge a été mise en évidence à maintes reprises. Il est incompréhensible que le juge ait retardé jusqu'en juillet 1983 son voyage en Bulgarie pour interroger Rossitza Antonov, Aivazov, Vassilev et Bekir Celenk et qu'il ait délibérément omis d'effectuer des vérifications sur les occupants de la chambre 911 de l'hôtel Vitoscha.

En l'état du dossier des conclusions s'imposent d'abord à l'observateur :

1) Le juge Martella enterre sous le secret de l'instruction un dossier qui demeure insuffisant pour justifier l'inculpation et la détention de Serguei Antonov depuis le 25 novembre 1982.

2) Démuni de charges sérieuses, il a poursuivi son information avec acharnement pour tenter de découvrir à tout prix des contradictions ou des incohérences susceptibles de justifier à postériori l'acte arbitraire qui a frappé Serguei Antonov.

3) Le juge Martella a subi la pression idéologique des médias; son engagement repose sur des choix politiques et il a largement contribué à la relance de la campagne sur la filière bulgare dans l'opinion mondiale.

*
* *

Le juriste quant à lui retient de ce dossier les points suivants :

1) La liaison permanente de Mehmet Ali Agca avec l'organisation des Loups Gris, la présence constante de ses complices depuis le meurtre d'Ipekci jusqu'à la place Saint-Pierre à Rome, imposaient comme tâche prioritaire au juge Martella d'explorer l'hypothèse d'une filière néo-nazie dans laquelle sont impliqués la mafia turque, les services secrets turques du M.I.T. et des agents de la C.I.A.

2) La justice se devait de recueillir avec prudence et discernement l'accusation formulée par un criminel qui veut bénéficier des réductions de peine fixées par la loi sur la base de son « repentir ».

3) La reconnaissance formelle par Mehmet Ali Agca de ses complices bulgares sur un album photographique ne peut-être considéré comme

apportant la preuve d'une relation entre le Turc et les Bulgares dès lors qu'il a été reconnu par le ministre Lagorio que l'album a été préparé par les agents du S.I.S.M.I. dans des conditions de temps et de lieu inconnues du magistrat.

4) La justice ne peut accepter comme auxiliaire, un corps d'agents secrets dont les méthodes s'adaptent à tous les dévoiements de la délinquance et de la criminalité.

5) L'accès d'Agca à la langue italienne et à l'audio-visuel a rendu possible des manipulations qui répondent à des préoccupations politiques.

Des indices multiples établissent qu'on ne peut écarter l'hypothèse d'une « préparation » reposant sur la connaissance des appartements occupés par les Bulgares.

6) Les Bulgares Vassilev et Aivazov ont quitté l'Italie sans chercher à organiser une fuite prématurée. Ils sont demeurés à Rome alors que la campagne des médias sur la filière bulgare était engagée. Leur comportement n'est donc pas révélatrice de l'attitude de coupables.

Antonov est demeuré à Rome alors que la campagne sur la filière bulgare atteignait son paroxisme, il a assisté aux perquisitions effectuées dans les locaux de Balkan-Air. Une telle attitude incite à penser que le Bulgare écartait totalement l'idée d'être considéré comme suspect.

7) Les aveux d'Agca se sont révélés formellement inexacts ou suspects sur des points essentiels :

– Agca n'a pas pu faire la connaissance de Rossitza Antonova au Café Picadilly à Milan en janvier 1980.

– La thèse de la tentative d'attentat contre Walesa en janvier 1980 ne repose sur aucun élément crédible ni sur aucun commencement de preuve.

– La prétendue relation entre Agca et son protecteur « Antonov » heurte le bon sens : ni le tête à tête, ni les longues conversations téléphoniques ne sont concevables en raison de l'absence de langage commun. Elle devient absurde lorsque Agca prétend que les lignes téléphoniques utilisées sont celles de l'ambassade de Bulgarie.

– La thèse du complot fomenté par des « agents secrets de l'Est » est incompatible avec l'exhibitionnisme que Ali Agca prête aux conspirateurs qui se seraient affichés ouvertement avec un criminel recherché par toutes les polices.

– Les « quatre glorieuses » de Martella les 10, 11, 12 et 13 mai devraient au moins créer le doute chez un magistrat soucieux de vérité. Il est surprenant de constater qu'aucun des solides alibis de la défense n'a été pris en compte par le juge Martella.

EN CONCLUSION :
IL N'EXISTE AUCUNE PREUVE DE LA PARTICIPATION DE SERGUEI ANTONOV A

LA FILIÈRE

L'ATTENTAT CONTRE LE PAPE JEAN-PAUL II, LE 13 MAI 1980 A ROME.

**

Aujourd'hui, Serguei Antonov le Bulgare cultivé et fragile reste détenu [1]; l'émotion est grande en Bulgarie. En Occident, cette affaire reste un épiphénomène qui est observé avec intérêt, mais sans aucune réelle sensibilité.

Les médias en revanche poursuivent une campagne intense sur les objectifs du Jonathan Institute.

Puisse ce livre contribuer à un éveil des consciences en rappelant qu'à Rome, Mes Consolo et Larussa, par leur prise de position solennelle, leur notoriété, leur indépendance à l'égard du débat idéologique, sont garants de l'innocence de Serguei Antonov dont ils se proclament convaincus.

Me Consolo déclarait à la journaliste Guillemette de Vericourt :
– « La piste bulgare ? Je n'y ai jamais cru, d'abord à cause de la personnalité de mon client dont la désarmante ingénuité n'est guère compatible avec le métier d'espion, ensuite parce qu'on imagine mal comment l'auteur d'un pareil attentat aurait pu rester tranquillement à Rome, après l'arrestation d'un de ses complices. »

---

1. Il a bénéficié en juin 1984 d'une mesure d'assignation à résidence.

315

LA FILIÈRE

Les défenseurs italiens se situent dans la tradition de l'illustre avocat français Me Moro-Giafferi qui sut si bien alerter l'opinion et proclamer l'innocence de Dimitrov en 1933. Le héros bulgare qui fut pris au piège de l'incendie du Reichstag obtint son « acquittement pour insuffisance de preuve » contre un tribunal dominé par Goering malgré les fureurs de l'Allemagne nazie.

INDEX DES NOMS CITÉS

317

LA FILIÈRE

LA FILIÈRE

Imprimé en France
Dépôt légal : juillet 1984
Nº d'édition : 7-320 – Nº d'impression : 1714